Florence Boulenger et David Ghesquières



# Notre santé est en jeu

Vuibert

Adaptation de la maquette intérieure et mise en pages : Nord Compo
Couverture : Primo & Primo

ISBN : 978-2-311-15054-4

*Aux quelque trois millions de personnes qui, en France,*
*prennent soin de notre santé au quotidien.*

« Je crois que tout est toujours en question,
que tout est toujours à sauver.
Que rien n'est définitivement acquis
et qu'il n'y aura jamais de repos
sur la terre pour les hommes de bonne volonté. »

Raymond Aron,
philosophe et sociologue français (1905-1983)

# Sommaire

# Au casting

Jean-Marc Aubert – Ancien directeur de la DDGOS à la Cnam, VP Healthcare IQVIA France

Philippe Besset – Président de la FSPF

Patrick Chamboredon – Président de l'Ordre national des infirmiers

Pierre-Marie Coquet – Médecin généraliste – MSP de Maubeuge

Boris Cyrulnik – Neuropsychiatre et auteur

Michaël Dandrieux – Sociologue de l'imaginaire – Sciences Po

Agnès De Leersnyder – CEO – Future4Care

Guillaume Debaty – Chef de service du Samu de l'Isère, CHU de Grenoble

Amandine Deraed – Directrice adjointe en charge des RH – ADAR Flandre Maritime

Isabelle Derrendinger – Présidente de l'Ordre national des sages-femmes

Julie Devictor – Présidente du CNP des IPA (infirmiers en pratique avancée)

Franck Devulder – Président de la CSMF

Alexandre Dussart – Aide-soignant à domicile

Thomas Fatôme – Directeur général de la Cnam

Jacques Franzoni – Médecin et coprésident de la CPTS de Valenciennes

Guillaume Garot – Député PS (Mayenne)

Patrick Giraudoux – Professeur émérite d'écologie, membre du Comité de veille et d'anticipation des risques sanitaires (Covars) et de l'Académie vétérinaire de France

Étienne Grass – Enseignant à Sciences Po (chaire Santé), ex-DG adjoint de l'AP-HP – VP exécutif en charge des services publics chez Capgemini

Jean-Paul Hamon – Président d'honneur de la FMF

Christophe Jacquinet – Président de Santéliance Conseil, cofondateur de la Fabrique de la Santé et ex-DG des ARS Picardie et Rhône-Alpes

Kada Klouche – Chef du service réanimation – CHU de Montpellier

Viviane Kovess-Masfety – Psychiatre, épidémiologiste et autrice

Caroline Leroy – Infirmière libérale – MSP de Maubeuge

Philippe Levisse – Pédopsychiatre, médecin généraliste – CH de Calais

Pascale Mathieu – Présidente du Conseil national de l'Ordre des kinésithérapeutes

Olivier Mercier – Président du directoire d'Interfimo

Pascal Meyvaert – Médecin généraliste, médecin coordonnateur en Ehpad, président de l'AMCEAL et du SMCG-CSMF

Alain Morel – Biologiste moléculaire – CLCC du Grand Ouest

Céline Morena – Pharmacien hospitalier – CH Sud Francilien

Jean-Paul Ortiz – Médecin néphrologue, ancien président de la CSMF

Béatrice Pacteau – Aide-soignante en Ehpad public

François Pelen – Cofondateur de Point Vision

Gérard Raymond – Président de France Assos Santé

Isabelle Richard – Directrice de l'EHESP

Stéphanie Rist – Médecin rhumatologue, députée Renaissance (Loiret) et rapporteure générale de la commission des affaires sociales

Norman Sartorius – Psychiatre, ancien directeur du Département de la Santé mentale à l'Organisation mondiale de la Santé (OMS)

Dominique Simonnot – Contrôleuse générale des lieux de privation de liberté et journaliste

Antoine Tesnière – Médecin et directeur général de PariSanté Campus

Christian Vedrenne – Médecin généraliste – MSP de Maury

Martin Winckler – Médecin et écrivain

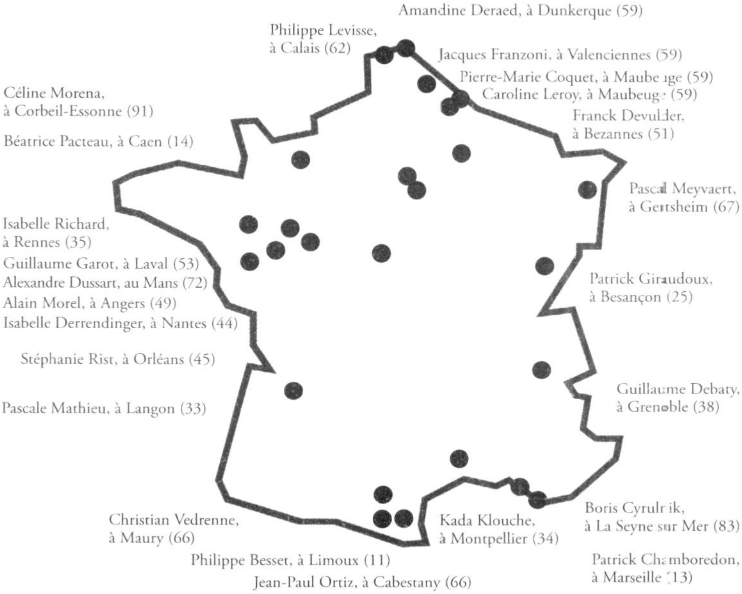


**À Paris :**

Jean-Marc Aubert, Michaël Dandrieux, Agnès De Leersnyder, Julie Devictor, Thomas Fatôme, Étienne Grass, Jean-Paul Hamon, Christophe Jacquinet, Viviane Kovess-Masfety, Olivier Mercier, François Pelen, Gérard Raymond, Dominique Simonnot, Antoine Tesnière

**À l'étranger :**

Norman Sartorius (Genève), Martin Winckler (Montréal)

## 40 rencontres

Au moment d'écrire les premières lignes de ce livre, c'est une mosaïque de visages qui vient prendre toute la place : des regards qui fouillent le nôtre, des bouches qui se pincent, des haussements de ton, quelques jurons, des sourires amers et des sourires franchement heureux, de la dérision et de l'espoir. De la ferveur, surtout.

Ce sont leurs visages qui arrivent bien avant les mots.

Leurs gestes, aussi. Deux mains qui s'agrippent à la table, le corps tout entier qui se jette en avant (Jean-Paul Ortiz, quand il s'enflamme). Une posture calme à la précision millimétrée (Pascale Mathieu), reflet de sa profonde détermination. Les accents chantants du marseillais Patrick Chamboredon, qui ne masquent pas la pleine conscience de sa responsabilité. L'humour pince-sans-rire de Boris Cyrulnik, sa douceur et ses punchlines, à 85 ans.

L'assurance de Pierre-Marie Coquet, l'audace de Philippe Levisse, la solidarité de Céline Morena, la chaleur de Gérard Raymond, l'optimisme de Christian Vedrenne, le cran d'Isabelle Derrendinger…

Impossible de faire autrement : à chacun de nos 40 interviewés est désormais associée une émotion. À quoi nous attendions-nous en entamant cette série d'entretiens ? À des débats et à des frictions, certes. À des luttes anciennes, à des mots durs. Mais pas forcément à trouver en tous nos interlocuteurs des « affectifs ». Les professionnels de santé s'expriment avec le cœur et ne se contentent pas de parler d'eux : ils se font la voix de la population tout entière. En cela et malgré leurs désaccords, ils se ressemblent.

Michaël Dandrieux, sociologue à Sciences Po, nous avait prévenus : « Ils vont invoquer des choses très fortes. Vous allez recevoir, de manière brute, l'ensemble des imaginaires associés à la santé. Faites comme Ulysse : partez avec la corde et attachez-vous au mât. Vous entendrez les sirènes ; il faudra rester au-dessus. » À l'époque – Michaël était notre tout premier interviewé –, nous n'avions pas pris la pleine mesure de ce conseil. Depuis, nous n'avons pas été déçus.

Ces pages sont un espace de dialogue. Notre échantillon de professionnels, avec sa grande variété de corps de métier et de territoires, vibre d'énergie. Tous nos interviewés ne sont pas d'accord entre eux. Peu importe – ou plutôt tant mieux ! C'est l'un des joyaux d'une démocratie. Tous défendent en revanche la même chose : l'accès aux soins. Le patient.

# Avant-propos

## « Les interprètes sont apparus quand le nombre de médecins a commencé à diminuer »

Il y a bien longtemps que les hôpitaux ont disparu et les médecins avec eux.

Ce matin, une ambulance autonome est venue chez moi. Un androïde m'a invité à monter à bord. Aujourd'hui, je dois subir une intervention chirurgicale préventive. Il y a quelques mois, lors du contrôle de routine, un risque élevé de développer un cancer du pancréas a été détecté.

Tous les trois mois, je me rends dans le centre de services universels de mon village des Pyrénées. On y trouve de tout : La Poste, les Impôts et bien sûr une cabine de télémédecine. Tout est automatisé et robotisé. On m'a expliqué qu'une intelligence artificielle spécialisée dans la prévention utilise les analyses de sang et les radios, mais aussi mon génome. D'après Camille, ma fille, qui s'y connaît, il est stocké dans une sorte de banque exploitée par une société américaine.

Pourtant, jusqu'à maintenant, j'ai bien suivi les recommandations du programme de prévention personnalisé : 35 minutes d'activité soutenue tous les trois jours, pas plus pour éviter le risque de blessures. Mon régime alimentaire a été adapté en fonction de mon âge et de mes facteurs de risque. Tout cela est suivi en temps réel grâce à la puce implantée dans mon poignet. Je n'ai pas le choix, sinon je ne serai pas pris en charge par Santé France et même si j'ai eu une belle carrière professionnelle, ma retraite ne me permet pas de payer tous ces frais.

Ce matin encore, j'ai vérifié le bilan sur mon tableau de bord personnel incrusté dans le miroir de ma salle de bains. J'avais le choix avec la cuisine, mais j'ai trouvé que c'était plus pratique comme ça.

Alors que l'ambulance survole le paysage verdoyant de ce début de printemps, des robots s'affairent autour de moi et commencent les analyses préopératoires. Il y a quelques années, j'ai décidé de m'installer à la campagne grâce au soutien gouvernemental de redynamisation des territoires.

Ce programme avait permis de connecter toute la France, y compris les lieux les plus reculés, avec l'Internet à très haut débit, ce qui était indispensable à mon activité professionnelle. J'avoue avoir été inquiet de l'absence d'hôpital dans la région, mais à l'époque j'étais jeune et en bonne santé, alors j'ai franchi le pas.

Progressivement, d'ailleurs, la zone où j'habitais s'est transformée en désert médical. Heureusement, les progrès en matière de mobilité et de santé ont permis de corriger tout cela, sans quoi je ne sais pas comment je ferais maintenant que je vis seul sans personne pour m'aider. Bien sûr, il y a mes enfants, mais ils sont loin et habitent une grande ville.

Me voilà bientôt arrivé. L'ambulance atterrit en douceur. On m'a expliqué que l'intervention ne pouvait pas être réalisée chez moi, car elle reste trop lourde bien qu'il ne s'agisse que de prévention. Dans quelques années, ce sera sans doute possible.

Tout va très vite puisque tout a été préparé dans l'ambulance. Je suis emmené directement au bloc. Afin de me tranquilliser, on m'a coiffé d'un casque de réalité virtuelle et je me détends en regardant des paysages magnifiques qui me rappellent mon village. Soudain, on m'enlève le casque. J'ai l'impression d'avoir rêvé. L'interprète m'explique que l'opération s'est très bien passée, que l'on est en train d'imprimer les médicaments que je vais devoir prendre pendant quelques jours. Ils sont fabriqués uniquement pour moi.

Les interprètes sont apparus quand le nombre de médecins a commencé à diminuer. Nous, les humains, nous méfions des décisions des intelligences artificielles. Nous sommes plus coopératifs quand un autre humain joue le rôle d'intermédiaire. Il paraît que l'opération est quand même surveillée à distance par de vrais médecins quelque part en Asie, mais je n'en suis pas sûr.

Avant de partir, on me fait signer tout un tas de formulaires avec mon empreinte. On m'explique que l'on va utiliser les analyses dans le cadre d'un essai clinique et que je serai rémunéré pour avoir participé. Encore un truc que ma fille m'a expliqué. Ils appellent ça la *blockchain*.

Voilà, c'est terminé, on me ramène en ambulance. Au loin, j'aperçois mon village, je suis content de rentrer chez moi. Un robot va m'accompagner quelques jours pour s'assurer que tout va bien.

Quand je serai un peu reposé, je lirai le compte-rendu dans mon dossier partagé et je demanderai à ma fille ce qu'elle en pense. Je crois qu'elle y a accès. Il faudra que je vérifie.

Je m'appelle Philippe et j'ai 74 ans.

## « Dans un grand élan citoyen, philanthropes et anonymes repartent de zéro »

Quelques années auparavant, face à la dégradation du système de soins, un groupe de personnes avait décidé de repartir de zéro en repensant le système à la façon d'une start-up.

Ce groupe comprenait notamment de richissimes philanthropes qui s'étaient érigés en sauveurs de façon providentielle. On ne sait plus par qui ou par quoi l'impulsion avait été donnée, mais ces entrepreneurs avaient rencontré une volonté populaire et leur investissement avait été décuplé avec le financement participatif d'un grand nombre de citoyens.

Les ingrédients qui avaient présidé à la création de Santé France étaient la remise à plat du modèle économique avec des objectifs clairs. En particulier, le champ de la prévention avait pris une importance beaucoup plus grande et dépassait l'organisation des soins qui était en place jusque-là. Les acteurs impliqués étaient plus nombreux et comprenaient les collectivités locales, les écoles, mais également les agriculteurs et autres acteurs de l'environnement. L'approche One Health avait fini par triompher. Il est vrai que l'humanité avait eu à subir plusieurs pandémies majeures.

L'organisation, elle aussi, avait été complètement revue, avec une structure plate et moins de niveaux hiérarchiques laissant une autonomie plus grande aux soignants et autres parties prenantes dans la façon de travailler. Chez Santé France, dès le départ, une culture favorisant l'innovation et la collaboration avait été de mise.

Il faut dire qu'il y avait de quoi faire. Les bras manquaient et l'heure n'était plus à se poser des questions sur qui avait le droit de faire quoi, tellement la situation était détériorée. Le Code de la santé, qui avait été l'alpha et l'oméga pendant des dizaines d'années, avait été revu et simplifié de façon à n'en conserver que les grands principes. *Idem* pour les tâches administratives, réduites au minimum.

Le rapport au risque avait complètement changé. L'innovation régnait dans tous les domaines et avait pris le pas sur toute autre considération tellement le risque d'effondrement était grand. Des initiatives avaient pu voir le jour et se généraliser rapidement dans des délais jamais vus jusqu'alors.

Même si cette aventure concernait un grand nombre de Français, agilité et vitesse étaient à l'œuvre.

## Rien n'est jamais acquis

L'histoire de Philippe peut préfigurer notre système de santé de demain. Un système de santé idéal… ou pas !

On y trouve des réponses à nos problématiques actuelles : « déserts » médicaux, vieillissement de la population, faiblesse de la prévention, manque de soignants, crise de l'hôpital (jusqu'à sa disparition ?)…

Mais aussi des risques, qu'ils soient liés au financement des soins, avec l'apparition d'une médecine à deux vitesses, ou à leur délocalisation grâce à la technologie (télémédecine).

On y perçoit également nos peurs liées à la généralisation de nouvelles technologies en santé : intelligence artificielle, données personnelles (y compris génome), robotisation, etc.

Et enfin, une tendance très marquée vers la médecine personnalisée : des diagnostics, soins et traitements utilisables exclusivement pour un seul individu.

Quant à l'histoire de Santé France, elle emprunte aux codes des start-up, qui présentent comme les entreprises « classiques » des avantages et des inconvénients.

Elle vient nous rappeler que si elle ne se réinvente pas régulièrement, toute organisation privée ou publique peut disparaître et être remplacée par mieux… ou pire.

Rien n'est jamais acquis.

# 1

# Par où commencer ?

## *L'éléphant dans la pièce*

« On s'est cassé la figure sur les prévisions d'espérance de vie en bonne santé. Vivre âgé pour être grabataire, merci bien ! La France n'est plus en première place. On est 7e ou 8e dans le classement européen. »

Franck Devulder, CSMF

Hiver 2023 : la France fait face à une épidémie de bronchiolite. Deux mille enfants supplémentaires à accueillir en urgence, soit deux enfants par hôpital. Deux seulement ! Et pourtant, on doit déclencher le plan blanc. Nous avons perdu toute capacité de souplesse.

Février 2023.

À Caen, Béatrice Pacteau quitte l'Ehpad public après son service de nuit. Comme à l'ordinaire, elles étaient deux aides-soignantes pour plus de 90 résidents : un binôme, c'est le minimum légal. « En journée, c'est pareil : on n'a plus le temps de descendre dans l'espace de vie pour rencontrer les familles des résidents. Même quand c'est pour fêter un anniversaire, et même pour dix minutes. On a trois heures pour faire la toilette de douze personnes. » Béatrice a vu les budgets fondre au fil des années. Avec la crise du Covid, puis le scandale Orpea, elle a pensé que la donne allait changer, mais ses espoirs se sont rapidement envolés.

À Grenoble, les Urgences débordent. « Les patients psychiatriques sont, avec les personnes âgées polypathologiques, ceux qui ont le plus de mal à trouver des places pour être hospitalisés. Certains restent jusqu'à dix ou onze jours en attente de place d'hospitalisation en psychiatrie, assène Guillaume Debaty, régulateur du Samu. Dix jours : imaginez l'ambiance. Cela ne nous aide pas à recruter des médecins. J'appartiens à la Société française de médecine d'urgence : tous les confrères vivent la même chose, c'est comme ça partout en France. »

> *« Les patients psychiatriques sont, avec les personnes âgées polypathologiques, ceux qui ont le plus de mal à trouver des places pour être hospitalisés. »*
>
> Guillaume Debaty

Confirmation à Montpellier, où Kada Klouche, chef du service réanimation du CHU, descend régulièrement aux Urgences prendre en charge les cas les plus sévères. Sur place, de nombreuses personnes âgées patientent sur des brancards, sans solution ni pour rester chez elles, ni pour être admises à l'hôpital. « Franchement, c'est la Cour des Miracles. Vous pouvez arriver n'importe quand, vous avez vingt personnes sur des brancards qui attendent depuis deux ou trois heures, et parfois jusqu'à deux jours entiers. Il n'y a pas de lits. » En réanimation, son équipe s'occupe aussi des tentatives de suicide. « Les patients sont reçus par un psychiatre avant de sortir. Mais comme il n'y a pas assez de structures locales pour assurer le suivi, on les voit revenir : ils récidivent, une semaine ou un mois plus tard. »

## Il n'y aura jamais assez d'argent

Dans tous les entretiens que nous avons menés, nous avons entendu s'exprimer – et parfois rugir – le manque d'argent et la somme de frustrations qu'il engendre.

Les personnes âgées et les patients atteints de troubles psychiatriques sont les deux populations qui semblent en souffrir le plus, mais il serait cruel d'essayer d'établir une hiérarchie des carences. Dans les maternités, les blocs opératoires, les cabinets des libéraux… partout, les patients se pressent en surnombre.

À entendre les professionnels de santé, on a depuis de longues années, et tous gouvernements confondus, tiré les budgets vers le bas et clôturé l'ensemble des discussions de façon lapidaire : « Il n'y a pas d'argent, c'est ça, ou rien. » Aurait-il fallu dire stop ? Mais comment ? Et à quel moment estimer que « ça » n'était plus assez ? Que peut-être seul le « rien » amènerait un changement ?

Notre système de santé arrive au bout d'un cycle et si nous ouvrons ce livre en parlant d'argent, c'est parce qu'il est impossible de comprendre pourquoi il vacille si l'on n'a pas compris son mode de financement.

La France consacre près de 12 % de son PIB à son système de santé, mais la répartition du budget du pays laisse manifestement tout le monde insatisfait.

En réalité, dans le système de santé français, et c'est le cas de la plupart des systèmes, il n'y a aucune raison pour que les dépenses de santé correspondent aux recettes.

Et pourtant, les mécanismes à l'œuvre vont quand même dans le sens de la maîtrise des dépenses et de l'équilibrage des comptes. En pratique, on n'y arrive quasiment jamais et le système est toujours en déficit, qui s'accumule au fil des ans. C'est donc un effort permanent, au point qu'il en devient clivant comme toute question politique.

> « *Il n'y a aucune raison pour que les dépenses de santé correspondent aux recettes. Et pourtant, les mécanismes à l'œuvre vont quand même dans le sens de l'équilibrage des comptes.* »

La crispation autour du tarif de la consultation médicale ou de l'évolution des dépenses des établissements de soins en atteste.

## La santé, c'est « le » sujet

Tenter de repenser le système de santé français, c'est… intimidant. D'abord parce que l'enjeu est colossal. Y a-t-il plus important que la santé ? La santé englobe tous les aspects de nos vies : corps, âme, milieu social, travail, amour, enfants, vieillesse, solidarité, économie, science, culture… La santé coche toutes les cases. C'est « le » sujet.

Et puis, histoire d'augmenter un peu la pression, nous avons en France une histoire ambivalente : le fier souvenir d'avoir été classés par l'OMS parmi les meilleurs systèmes du monde – c'était en 2000. La certitude de compter encore parmi ceux qui veulent y arriver. Et l'angoisse d'un système qui se grippe, qui s'est enrayé progressivement jusqu'à nous mener, en 2023, au bord de la rupture.

## L'éléphant est démographique

En effet, les chiffres sont implacables, avec une population qui vieillit et qui a besoin de soins de plus en plus nombreux : « l'éléphant dans la pièce », celui que personne n'a envie de voir, c'est lui. En parallèle, les maladies chroniques ont explosé, au point de concerner aujourd'hui près de 20 millions de Français.

Cela fait beaucoup de monde pour tambouriner à la porte des soignants, mais le nombre de professionnels de santé, aussi bien que leur temps disponible (nous y reviendrons), s'est effondré.

> *Les maladies chroniques ont explosé, au point de concerner aujourd'hui près de 20 millions de Français.*

« Le constat est clair, résume Patrick Chamboredon, président de l'Ordre des infirmiers. La Cnam nous indique que nous avons 6 millions de Français sans médecin traitant, dont 600 000 en affection de longue durée (ALD). L'UFC-Que Choisir nous donne un chiffre à 16 millions. Entre les deux, on doit avoir un terrain d'entente à 10 millions. Il faut qu'on trouve une solution pour tous ces patients-là. »

## Un troupeau d'éléphants ?

Jean-Paul Hamon, médecin à Clamart et président d'honneur de la Fédération des médecins de France (FMF), n'y va pas par quatre chemins : « On y est, dans le creux. En plein dedans ! Ça fait vingt ans que n'importe quelle andouille qui sait lire une courbe pouvait voir arriver la désertification. Mon premier bouquin, je voulais l'appeler *La greffe des couilles*. L'éditeur n'a pas voulu, c'est dommage, on en aurait vendu plus. »

« Vous savez, reprend-il, en 2002, l'État a piqué 11 milliards à la Sécu, pour financer les 35 heures, mais refusait aux généralistes 300 millions pour passer la consultation, bloquée depuis sept ans, à 20 euros. C'est ça qui m'a mis dans le mouvement. Au début de mon installation, il y a bientôt 50 ans, il n'y avait ni Samu ni SOS Médecins lors des gardes de nuit. Il n'était pas rare de se lever cinq ou sept fois par nuit, pour des coliques néphrétiques ou hépatiques, ou des anuries, voire des infarctus. Puis, avec l'arrivée du Samu et de SOS, les gardes de nuit profonde ont perdu de leur sens et il ne restait que les crises d'angoisse ou les séquelles des scènes de ménage. Les 35 heures ont fait prendre conscience aux médecins que la vie de famille, ça n'était pas que pour les autres. Mais plutôt que d'essayer de redonner de l'attractivité à la profession, qu'est-ce qu'on fait ? On installe des cabines de téléconsultation chez Monoprix. Je vais vous dire une chose : la médecine de proximité est irremplaçable. Ceux qui veulent la remplacer ont intérêt à rester en bonne santé... »

> “ *Ça fait vingt ans que n'importe quelle andouille qui sait lire une courbe pouvait voir arriver la désertification.* ”
>
> Jean-Paul Hamon

Franck Devulder, gastro-entérologue à la clinique de Bezannes (Marne) et nouveau président de la CMSF (mars 2022), a fait la même observation. Il recense quatre transitions à l'œuvre actuellement : en plus de la transition démographique et de la transition épidémiologique que nous venons d'évoquer, « nous vivons une transition technologique avec l'intelligence artificielle... et une transition professionnelle, avec des jeunes médecins qui ne veulent plus travailler comme leurs aînés, c'est-à-dire être corvéables à merci. »

## Covid et « mode dégradé » : un révélateur

Les médecins ne sont pas les seuls concernés par le manque de vocations : les infirmiers, les pharmaciens et les sages-femmes, pour ne citer qu'eux, voient chuter le nombre de leurs étudiants.

Face au manque de professionnels de santé, deux sujets s'entremêlent : d'un côté, le partage des tâches (qui fait quoi ? Qui pourrait faire quoi demain ?) et de l'autre, la reconnaissance des uns et des autres, à commencer par la rémunération.

L'épisode Covid a sans aucun doute constitué un point de non-retour. Les soignants sont unanimes pour dire qu'à ce moment-là, enfin, ils pouvaient travailler comme ils l'entendaient. Comprendre : sans le poids de l'administration.

> *« Face au manque de professionnels de santé, deux sujets s'entremêlent : d'un côté, le partage des tâches (qui fait quoi ? Qui pourrait faire quoi demain ?) et de l'autre, la reconnaissance des uns et des autres, à commencer par la rémunération. »*

« On a fonctionné en mode dégradé, et qu'est-ce qu'on était bien ! On s'est affranchi des règles administratives. Ce sont les acteurs du soin qui ont pris la main : tous ensemble. On a très bien travaillé aussi avec les collectivités locales : pour organiser les centres de test, puis les centres de vaccination. On a remis la santé au cœur de la vie de la cité et à partir de ce moment-là, on a créé de la fluidité. Cela montre bien que les acteurs sont capables de fonctionner entre eux, mais on ne le fait pas, car toute cette lourdeur grippe le système. »

C'est Jean-Paul Ortiz qui s'exprime ici, médecin néphrologue à Cabestany (Pyrénées-Orientales) et président d'honneur de la CMSF, dont il a tenu la barre entre 2014 et 2022. En écho, nous avons entendu tous les soignants dire la même chose : « Enfin libres ! »

Jean-Paul Hamon rappelle le détournement efficace des masques Décathlon et rit sous cape en imaginant « la tête de l'administration » : « Quand les médecins sont libérés du poids de l'administration, ils savent innover. » Philippe Levisse, psychiatre pour adolescents à l'hôpital de Calais, souligne combien, pendant le

Covid, « la direction paniquée a laissé les médecins gérer. Nos décisions n'étaient plus discutées et les résultats obtenus ont été de bonne qualité : très peu de contamination intrahospitalière et peu d'absentéisme du personnel, sauf en Ehpad. Après le Covid sont revenues la langue de bois et les tergiversations permanentes sur les moyens en matériel et en personnel. C'est épuisant. »

C'est ce contrecoup, pour les professionnels de santé, qui a été terrible. Le problème de reconnaissance et d'organisation, présent en toile de fond depuis de longues années, leur a explosé au visage. Plus possible de l'ignorer. Sans parler du vacillement de tous ceux qui avaient vu la mort d'un peu trop près.

De l'autre côté, les administratifs rappellent qu'il n'est pas possible de laisser les vannes ouvertes et qu'il faut bien respecter les budgets disponibles.

*« On a quand même injecté 19 milliards d'euros dans l'hôpital et cela n'a rien changé : la crise est identique. »*

Jean-Paul Ortiz

« Ce qui m'inquiète dans le système de santé actuellement, c'est la souffrance des acteurs, reprend Jean-Paul Ortiz. Les politiques n'ont rien compris. On a quand même injecté 19 milliards d'euros dans l'hôpital et cela n'a rien changé : la crise est identique. »

## Temps long contre mandats politiques

L'historique de notre système de santé balance entre les tentatives de projections à long terme (elles restent trop rares, d'après les premiers concernés) et l'empilage de mesures électoralistes, qui semblent nettement plus nombreuses.

Pas facile de redresser la barre quand le bateau court sur son erre. « Comment faire mieux, avec moins ?, s'interroge Gérard Raymond (France Assos Santé). Certainement pas en s'en tenant aux négociations sur le prix des consultations. On est quand même arrivés au pied du mur. »

« Le dysfonctionnement du système français est en grande partie dû à l'idéologie de la fonctionnalisation, estime Michaël Dandrieux (Sciences Po). Nous avons valorisé l'assèchement des transactions entre individus, en pensant que c'était le seul moyen de les améliorer. Ce qui n'est pas quantifiable ne serait pas améliorable : c'est la dictature des indicateurs de performance. »

## États-Unis, Royaume-Uni et modèle français

Tout n'est pas perdu cependant, et c'est Philippe Besset, pharmacien et président de la FSPF, qui apporte une note d'espoir : « Je suis peut-être le ravi de la crèche, mais je fais partie de ceux qui trouvent que le système fonctionne bien. Certes, il y a des marges d'amélioration, mais en réalité, aucun système dans le monde ne peut répondre à la demande croissante de la population. Quand on laisse les gens à peu près libres de ce qu'ils veulent dépenser pour leur santé, on voit qu'ils y consacrent 18 % du PIB : ce sont les États-Unis. En France, on arrive à maîtriser les coûts à 12 %. C'est beaucoup, c'est un investissement, mais c'est maîtrisé. Nous avons choisi de réguler par la dépense : par l'offre de soins. Ce qui crée les frustrations, c'est que chaque année, les coups de rabot portent sur l'offre et non sur la demande. Nous avons donc intérêt à travailler sur l'éducation à la santé, pour parvenir, dans le temps long, à ce que la population soit moins consommatrice de soins. »

Philippe Besset dresse un parallèle avec la situation outre-Manche. « Nos grands penseurs de la santé ont tendance à croire qu'avec un système similaire au NHS (National Health Service), ils vont arriver à mettre tout le monde dans le rang. Je rappelle que le NHS repose sur deux piliers : le financement par l'impôt et le salariat des médecins. En France, nous avons choisi un modèle d'assurance sociale – ce sont les salariés et les entreprises qui paient. Et nous avons autorisé les professionnels de santé à être des entrepreneurs. Je crois que notre système est meilleur : quand on laisse les gens bosser, ils bossent plus. »

> *« Nous avons autorisé les professionnels de santé à être des entrepreneurs. Je crois que notre système est meilleur : quand on laisse les gens bosser, ils bossent plus. »*
>
> Philippe Besset

## Un cocktail sociétal

Aborder le sujet de la santé, c'est aussi ouvrir la porte à tous les débats sociétaux qui marquent une époque. Le système actuel est plein de vieux démons : domination des médecins sur les autres professions, domination masculine et patriarcat, reproduction sociale. Ces éléments-là, sous-jacents, pèsent encore très lourd. Nos « vieux démons » sont coriaces. Martin Winckler, médecin et écrivain, fait partie de ceux qui les combattent avec acharnement : « Certains médecins sont fatigués pour de bonnes raisons : parce qu'on les empêche de travailler dans de bonnes conditions. Mais d'autres se plaignent parce qu'ils estiment que leurs patients ne sont plus assez déférents. Ceux-là sont restés en 1950. C'est une question de lutte de pouvoir et de statut. La courtoisie, oui. La déférence, non ! »

L'auteur des *Brutes en blanc* ne se prive pas non plus de dénoncer les violences sexistes. À ce titre, les souvenirs de Pascale Mathieu, présidente de l'Ordre des kinésithérapeutes, n'appartiennent hélas pas toujours au passé : « À la fin des années 1980, je travaillais dans l'hôpital public, à Bordeaux. Les infirmières et les aides-soignantes avaient des blouses cintrées. Les sages-femmes des blouses roses. Et nous, les kinésithérapeutes, on avait les mêmes blouses que les médecins : droites et blanches. Ça m'avait marquée, pourtant j'étais très jeune. »

## Souffrance et force

En tant que patients, nous côtoyons les soignants sans pouvoir deviner leur trop-plein : on les a formés à « l'asepsie verbale et émotionnelle », comme le regrette Isabelle Derrendinger, présidente de l'Ordre des sages-femmes. Une praticienne qui elle-même a failli « poser la blouse » à l'été 2022. « J'ai vraiment eu envie de dire stop. C'est ce que font beaucoup de consœurs. Nos conditions de travail frôlent le mépris : en l'espace de vingt ans, un lit de maternité sur quatre a disparu, sans que cette réduction soit accompagnée de mesures ambulatoires tangibles. On demande donc aux femmes enceintes de s'inscrire sur des listes en prévision de leur accouchement, en sachant très bien que le jour venu, on n'aura pas de place pour elles. Cela heurte de plein fouet les principes fondateurs du service public. »

« Vous savez, reprend-elle, nous sommes l'une des trois professions médicales, au même titre que les médecins et les dentistes, mais l'administration nous invisibilise. On n'est pas des dames en rose, avec les mains qui sentent le lait de toilette pour bébé. Dans les salles d'accouchement, ce sont des cris, des pleurs, du sang, des matières fécales et de l'urine. Mon métier n'est pas le plus beau métier du monde, comme on nous le dit trop souvent. On vit l'arc-en-ciel des émotions. Dans une salle, vous avez une naissance avec une famille heureuse. Dans la salle d'à côté, le mari frappe sa femme. Vous changez de salle à nouveau, et c'est une mort fœtale. Il faut tenir... Mais là, on n'arrive plus à tenir. »

> « *On n'est pas des dames en rose, avec les mains qui sentent le lait de toilette pour bébé.* »
>
> Isabelle Derrendinger

Même détresse chez Julie Devictor, infirmière depuis 17 ans, qui se bat pour la reconnaissance des infirmières en pratique avancée (IPA) et préside leur Conseil national professionnel. « Avant de devenir IPA, j'étais infirmière en hospitalisation. J'ai vu les conditions de travail se dégrader au fil des années et nous assistons à une fuite des professionnels, en tout cas de l'hôpital public. Vers la fin des années 2000, on a fait de nous des pions dans un tableau Excel. Il faut trois infirmières ici ou là ? Hop, on les déplace, sans qu'elles aient eu l'accompagnement nécessaire pour faire du travail de qualité dans le service dans lequel elles sont déplacées. La charge de travail par infirmière n'est pas mesurée pour faire de la qualité. Il y a un vrai décalage entre la formation, où on apprend à prendre soin du patient, à lui parler, et la pratique, où vous êtes une accrocheuse de perfusions. Vous ne connaissez même pas le nom des patients, vous passez votre temps à courir partout. Une fois, j'ai explosé dans le service : "Je ne vois que leur pied à perfusion et les poches que j'accroche au-dessus de leur tête." On n'a pas signé pour ça. Le grand drame de l'hôpital public pour les infirmières, c'est la perte totale de sens. Quand on accompagne la fin de vie, on a des familles qui pleurent, on veut faire du soin relationnel. On veut s'investir aussi dans les projets du service : accompagner les étudiants, améliorer l'accueil des patients, travailler à l'éducation thérapeutique... Mais on n'a pas de temps, on est à 100 % sur les soins techniques. »

Les soignants sont en butte contre l'imaginaire du « dieu faiseur », comme le souligne Michaël Dandrieux, à Sciences Po : « Dans les sociétés d'origine chrétienne ou juive, on a un *God Maker*. Un dieu qui dit et fait. Nous valorisons très fortement l'acte de faire. Or, le monde se séquence en deux grands actes : faire… et maintenir ! Maintenir, c'est soutenir, c'est réparer, c'est guérir. C'est soigner. Nous n'avons pas appris à valoriser ce deuxième cycle, qui est pourtant le plus demandeur en temps et en énergie. C'est un piège que nous nous sommes construit. Nous sous-évaluons tous les métiers de soutien. Les soignants réparent… mais le réparateur n'est jamais estimé à sa juste mesure, même quand il s'agit de réparer la santé. »

> « *Dans les sociétés d'origine chrétienne ou juive, on a un* God Maker. *Un dieu qui dit et fait. Nous valorisons très fortement l'acte de faire. Or, le monde se séquence en deux grands actes : faire… et maintenir !* »
>
> Michaël Dandrieux

## La reconnaissance ne passe pas seulement par les salaires

Bien sûr, en termes de reconnaissance, l'argent ne fait pas tout. « Moi, ce qui me tenait, c'était le travail d'équipe, témoigne ainsi Julie Devictor, en évoquant son métier d'infirmière en soins généraux. Je m'entendais super bien avec mes collègues. On était très proches, on sortait, l'une aidait l'autre. C'était un honneur que de dépanner l'hôpital ou le service, les jours où ce n'était pas prévu qu'on vienne. Sauf qu'avec les nouvelles organisations de travail, ils ont cassé cette dynamique. Il y a moins cette sensation d'appartenance à une équipe soudée. Depuis que je suis devenue IPA, je retrouve du sens dans mon travail, je prends le temps auprès des patients. La pratique avancée est un véritable levier d'attractivité pour les infirmières. »

« Fait singulier, depuis la rentrée 2022, les écoles de sages-femmes ne font plus le plein, regrette Isabelle Derrendinger. On l'a pourtant dit et crié : nous manquons de reconnaissance. » Pour beaucoup, le manque de visibilité des sages-femmes pendant la crise du Covid a été délétère. « Nous n'avons pas eu droit aux masques… Pourtant, tout le monde sait qu'un accouchement ne se reprogramme pas. Mais quand tous les autres professionnels de santé recevaient des masques, pour nous, c'était zéro. Il a fallu insister. Et pour finir, nous n'avons jamais eu officiellement de FFP2.

C'est le moment d'introduire le point de vue divergent de Viviane Kovess-Masfety, psychiatre et épidémiologiste, autrice de quelque 250 articles scientifiques et de plusieurs ouvrages (dont *N'importe qui peut-il péter un câble ?*, chez Odile Jacob), ancienne directrice du département Épidémiologie et biostatistiques de l'EHESP, et experte pour Santé publique France.

« Mon métier, c'est de réaliser des enquêtes de santé mentale, résume-t-elle. Je peux citer celles qui portent sur les Franciliens, sur les enseignants, sur les enfants en PACA, sur les sans-abri, sur les populations afghane ou chinoise… Quand j'ai travaillé sur le mal-être des enseignants, j'en suis arrivée à la conclusion que le burn-out n'existait pas en tant que tel. Attention, je ne veux pas dire que les gens ne sont pas malheureux au travail, mais que souvent ils attribuent leur malheur au travail, alors que celui-ci peut être le reflet d'autre chose, par exemple d'une dépression ou d'une anxiété. La plupart du temps, ceux qui sont malheureux au travail sont également malheureux dans d'autres domaines de leur vie. Si vous n'êtes pas trop abîmé, pas trop fragile, et que vous souffrez au travail… vous pouvez aussi essayer de changer de job, ou de lieu où pratiquer votre job, ou encore changer les conditions de l'intérieur. »

« Si on doit parler des soignants, poursuit-elle, on ne devient pas médecin ou soignant par hasard. On ne vous tire pas au sort. Par exemple, aucun de mes trois enfants n'a jamais voulu devenir médecin comme moi. Pour eux, aller travailler à l'hôpital, c'était hors de question ; ils n'avaient pas envie d'être constamment confrontés à la mort et à la maladie. Beaucoup de professionnels de santé expriment une souffrance, un épuisement, on les comprend et leurs conditions de travail jouent un rôle certain. Mais le rapport au travail et le rapport au malheur, c'est compliqué. Personne ou presque ne s'intéresse au mal-être des vendeuses de chaussures, par exemple. Les soignants et enseignants bénéficient d'un éclairage particulier, car ils sont nombreux et relativement bien organisés. Les individus ne sont pas seulement le produit de ce qu'ils vivent, ils ont la capacité de décider de leur destin. Affirmer qu'à l'hôpital, c'est l'enfer, est bien souvent autoprédictif. Par exemple, en psychiatrie, si vous allez travailler avec la peur au ventre, les patients ont plus de risque de se montrer violents ; une formation à la gestion de la violence et surtout à son évitement peut faire une vraie différence. J'ai donc envie d'inciter les soignants qui souffrent à reprendre le contrôle de leur trajectoire. »

## « La paille, l'espoir, le burn-out »

Le témoignage de Boris Cyrulnik, neuropsychiatre et écrivain, est emblématique de ce que vivent de nombreux professionnels de santé français. Il nous explique comment sa profession est passée de « la paille à l'espoir, puis au burn-out ». Avant de nous livrer de solides pistes de travail pour améliorer la situation – mais nous y reviendrons dans un second temps. Écoutons-le d'abord raconter 60 ans de psychiatrie.

« Je suis sorti en 1962 de l'Institut de Psychologie. Je désirais être neuropsychiatre. J'arrive en région parisienne et je ne vois pas de lits. C'était de la paille par terre, dans de grands dortoirs. On faisait sortir les pensionnaires, les infirmiers passaient un coup de jet, mettaient de la paille fraîche, on faisait revenir tout le monde et on fermait à clé. Personne ne parlait aux patients : on avait peur d'eux. Le travail de psychiatre était un combat pour immobiliser l'adversaire. On n'avait pas de moyens de soigner. Pas de scanner, pas de résonance magnétique. »

> « *Je désirais être neuropsychiatre J'arrive en région parisienne et je ne vois pas de lits. C'était de la paille par terre, dans de grands dortoirs.* »
>
> Boris Cyrulnik

En mai 1968, les choses changent. « La psychiatrie et le féminisme ont été les deux grands bénéficiaires de ce mouvement. Je suis arrivé à Digne dans les Alpes de Haute-Provence et j'y ai passé les plus belles années de ma vie. Nous avons obtenu des fonds pour acheter des lits, du matériel, des médicaments. Nous avons mis fin aux lobotomies et développé la psychothérapie. Nous avons vécu quelques années merveilleuses, où l'on a pu supprimer les trousseaux de clés, les cellules capitonnées, les camisoles de force. On était mal payés. Mais on était tellement heureux : on lisait, on se réunissait, on était convaincus qu'on pourrait enfin soigner et guérir. »

La séquence suivante est nettement moins heureuse, malgré la rapidité des progrès technologiques, qui permettent d'observer le fonctionnement du cerveau. « Les médecins ont perdu le pouvoir. On a organisé l'hôpital comme une entreprise commerciale. Désormais, il faut remplir des feuilles et ne pas trop dépenser d'argent. Les directeurs formés à Rennes sont là pour faire du profit. Mais ces économies-là coûtent extrêmement cher du point de vue humain. Je me souviens d'un jour où il me fallait un scanner et on m'a dit non. J'ai démissionné. Finalement, le service de neurologie leur a coûté encore plus cher, puisqu'il fallait prendre une ambulance pour aller passer un scanner à l'hôpital voisin. Aujourd'hui, le nombre de burn-out est insupportable. »

« Autrefois, souligne Boris Cyrulnik, il m'est arrivé de prendre 15 ou 20 gardes en un mois. J'étais à l'hôpital de 8 h jusqu'à midi le lendemain. Aujourd'hui, les jeunes refusent et ils ont raison. Nous, on avait un moteur : l'espoir. On était passé de la paille à l'espoir. Les jeunes aujourd'hui n'ont pas d'espoir, alors qu'ils sont probablement plus travailleurs et plus intelligents. Ils me disent : "On passe plus de temps avec les dossiers qu'avec les malades, on n'a plus le temps de parler avec eux." Et c'est vrai. »

Philippe Levisse, à Calais, décrit la même trajectoire. Il affiche d'emblée un sourire sans équivoque (« Je suis heureux. J'exerce le métier que j'aime ») et à 69 ans, il est toujours en activité. Après une carrière de médecin généraliste, après avoir travaillé seul puis en équipe (il a fondé une maison de santé pluriprofessionnelle), Philippe a évolué, la cinquantaine bien tassée, vers le métier de psychiatre. Il s'occupe des adolescents à l'hôpital de Calais, dont il a dirigé le pôle psychiatrie.

> *« J'ai l'impression d'avoir vécu 20 ans de performance et d'amélioration de la médecine, et ensuite 20 ans de dégradation par rapport au service rendu aux patients. »*
>
> Philippe Levisse

« Bien qu'heureux d'avoir pu faire tout ça, je ne suis pas très optimiste. J'ai l'impression d'avoir vécu 20 ans de performance et d'amélioration de la médecine, et ensuite 20 ans de dégradation par rapport au service rendu aux patients. Les effectifs médicaux toujours insuffisants sont compensés par un faible nombre de mercenaires payés deux fois plus que nos collègues praticiens hospitaliers. Certains hôpitaux ruraux ne fonctionnent que grâce à 80 % de ces mercenaires payés 800 à 900 euros par jour. Les hôpitaux proches des CHU sont bien dotés, mais plus on s'éloigne de la maison mère, moins l'ARS (agence régionale de santé) affecte de moyens humains et matériels. Les réunions ARS dans lesquelles j'ai perdu mon temps précieux de clinicien n'ont jamais été suivies de projets financés. Nous avons monté ces projets grâce à l'énergie des collègues et des équipes sans pour autant recevoir un centime de plus sur notre dotation globale annuelle. Nous souffrons tous de la gestion libérale et bureaucratique des ARS et de la DGS (direction générale de la santé). Je reste en poste grâce à la formidable qualité de mes équipes. Leur générosité est extraordinaire. »

# 2
# Dans la salle d'attente

## *Les besoins des patients*

« Quand pour des raisons d'absentéisme, dans le même mois, quinze aides à domicile différentes viennent faire votre toilette, cela pose un problème de dignité. »

Amandine Deraed, ADAR Flandre Maritime

« C'était dans un pays africain : une file d'attente de 12 à 14 h devant l'hôpital, pour voir un médecin. Un consultant américain est venu, il a préconisé de donner des rendez-vous. Résultat, c'était pire ! Jusqu'alors, tout le monde s'installait dans une grande prairie pour attendre. Les patients et leurs accompagnants se parlaient : ils voyaient qu'ils avaient les mêmes symptômes, qu'ils pouvaient surmonter la maladie. Le médecin était un prétexte pour 12 h de consultation entre patients et familles. On ne réorganise pas un service sans recueillir toutes les informations. »

Norman Sartorius, ancien directeur du Département de la santé mentale à l'Organisation mondiale de la Santé

« En 2021, on a monté un centre de vaccination Covid à Bruay-sur-l'Escaut : c'était à 2,2 km de notre centre de Valenciennes. On a eu directement 900 personnes la première journée. On a recommencé à Aulnoy-lez-Valenciennes (3 km) : même chose, 800 patients… C'est un truc de fou. Le terrain nous apprend ça : pour vacciner une population, il faut aller s'installer tout près d'elle. »

De quoi les patients ont-ils besoin ? Avant toute chose, qu'on les reçoive. Et parfois même qu'on aille les chercher…

Jacques Franzoni est médecin généraliste, installé dans un cabinet de groupe avec trois associés depuis dix ans, après un début de carrière hospitalière en tant que médecin urgentiste en réanimation. À 40 ans, il porte d'autres casquettes : coprésident de la CPTS du Grand Valenciennes, il est aussi le coauteur du rapport livré à la Cnam en février 2023, après une enquête menée auprès de 900 médecins sur le poids de leurs tâches administratives. « Pendant la crise sanitaire, on faisait du soin coordonné sans le savoir », reprend-il.

## De la proximité

Convaincu par la force du travail en équipe, Jacques a ensuite créé sa CPTS (communauté professionnelle territoriale de santé) avec un noyau de 10 professionnels de santé, de plusieurs disciplines différentes. Le projet de santé a été orienté en 15 groupes de travail, portant sur l'obésité, la santé de la femme ou encore la précarité. « Ici, en quatre ans, on a perdu 21,5 % des médecins généralistes. Ceux qui restent ont, pour 41 % d'entre eux, plus de 60 ans. Nous avons perdu 40 % des cardiologues, également. Nous courons à la catastrophe d'ici quatre à cinq ans. »

Pour organiser la riposte, Jacques Franzoni s'appuie sur les données de santé locales : autrement dit, sur les besoins réels de la population. « Nous avons une extraction de cinq ans sur les maladies principales : insuffisance cardiaque, diabète, BPCO (broncho-pneumopathie chronique obstructive) et les cancers les plus répandus. Cela nous permet de cibler, ville par ville, les besoins les plus urgents et de mobiliser les professionnels de santé volontaires sur ces territoires-là. Chez nous, on a des variations en termes d'accès aux soins et de dépistage, qui vont du simple au triple. »

Des patients de plus en plus nombreux, des médecins en sous-effectif, ou qui empilent les demandes. Un directeur d'hôpital dans le Sud-Ouest de la France rappelle que l'hôpital public est un miroir de l'actualité et de nos évolutions sociétales. « On nous demande de prendre en charge toute la population, tous les publics en difficulté ou en grande précarité, les réfugiés, les femmes et/ou les enfants victimes de violences… Avant cela, nous accueillions les Ukrainiens. Avec notre système de santé, on arrive à s'organiser et à trouver les moyens de répondre aux besoins d'un peu tout le monde, malgré tout – et c'est très bien. »

*« L'hôpital public est un miroir de l'actualité et de nos évolutions sociétales. On nous demande de prendre en charge toute la population, tous les publics en difficulté ou en grande précarité, les réfugiés, les femmes et/ou les enfants victimes de violences… Avant cela, nous accueillions les Ukrainiens. »*

Mais jusqu'à quand ? Face au déséquilibre entre l'offre et la demande, chaque professionnel de santé s'organise comme il le peut et jongle entre soins programmés et non programmés. Caroline Leroy, 35 ans de carrière en tant qu'infirmière libérale, exerce dans la région de Maubeuge (Nord). Elle raconte un quotidien fait d'imprévus. « Un patient se coupe le doigt, fait une chute et se blesse… Les Urgences appellent ça de la bobologie. Et le patient n'a pas envie non plus d'aller passer douze heures aux Urgences. S'il appelle son médecin, il aura un rendez-vous deux ou trois jours plus tard. Alors, vous savez ce qu'il fait ? Il appelle l'infirmière. Il a notre numéro de portable. Et on vient faire les pansements. On évalue la situation. Si nécessaire, j'appelle le médecin et on fait une visio. On peut soigner des patients comme ça. Parfois, je fais un pansement gras sur une dermoabrasion – le médecin me dit : vas-y, je te ferai l'ordonnance plus tard. Je reçois souvent ce type de coups de fil pour des petits accidents du quotidien. Le passage de l'infirmière rassure les patients et permet de les réorienter. »

## *Numerus clausus* et chute des vocations

Que veulent les patients ? De manière très concrète, qu'on s'occupe d'eux aussitôt que possible. Structurellement, une population qui vieillit a plus souvent recours aux soignants et sa prise en charge ne va pas en s'allégeant. Or, notre pays est d'ores et déjà confronté à un problème d'accès aux soins. Nous allons manquer de médecins pour les dix prochaines années, au minimum (le temps de former la prochaine génération, mais cela ne suffira pas forcément).

« Dans les années 2000, les médecins d'après-guerre prenaient leur retraite et les jeunes ne s'installaient pas, car il y avait beaucoup de place à l'hôpital, se souvient Philippe Levisse, ancien généraliste libéral, aujourd'hui psychiatre à l'hôpital de Calais. Il nous faut plus de médecins, mais malgré l'ouverture du *numerus clausus*, on ne voit pas beaucoup de changements. »

De fait, le point d'étiage se situe en 1993, avec 3 500 médecins admis en deuxième année, contre 8 205 places en 2018 – soit pratiquement le même niveau qu'en 1972 : la chute avait été brutale !

D'autres professions de santé sont concernées, à commencer par les infirmiers, aujourd'hui au nombre de 630 000. Patrick Chamboredon, président de leur Ordre, explique qu'il a mené une grande consultation auprès des infirmiers : « Nous avons interrogé notre base de 480 000 inscrits au tableau et avons obtenu 20 % de répondants en 72 h. Résultat : 30 % des infirmiers déclarent qu'ils veulent abandonner la profession. On voit bien qu'il y a un malaise. De plus, les chiffres sur les fermetures de lits, sur les établissements de santé qui se dépeuplent, signifient concrètement que nous avons moins de terrains de stage, moins de compagnonnage pour la nouvelle génération d'infirmiers. Un métier clinique ne s'apprend pas seulement dans les livres. »

Patrick Chamboredon souligne par ailleurs que sa profession a « beaucoup souffert pendant la crise du Covid : les troisième année se sont retrouvés dans le bain sans être diplômés, les deuxième année ont fait des troisième année et les première année ont tenu la garderie pour les enfants des soignants. Je ne dis pas que les médecins n'ont pas eu le même problème, reprend-il, mais pour nous qui avons une formation courte, l'accès à l'hôpital a été trop rapide. »

## « À un moment donné, il faut des bras »

Les pharmaciens eux aussi peinent à recruter. Or, ils représentent souvent le tout premier accès aux soins. « Avec les Urgences, nous sommes les seuls à travailler en portes ouvertes, rappelle Philippe Besset, président de la Fédération des syndicats pharmaceutiques de

France (FSPF). Nous faisons uniquement du soin non programmé : vous poussez la porte d'une pharmacie quand vous voulez. »

À la rentrée 2022, 1 100 places universitaires sont restées vacantes sur les 3 500 disponibles. En dix ans, plus de 1 700 officines ont disparu sur les 20 700 pharmacies françaises. Dernier chiffre, 5 000 pharmaciens seraient aujourd'hui proches du départ en retraite.

> « *30 % des infirmiers déclarent qu'ils veulent abandonner la profession.* »
>
> Patrick Chamboredon

« Il nous manque 10 % des effectifs, nous recrutons 15 000 professionnels et notamment des préparateurs en pharmacie, poursuit Philippe Besset. Il n'y a pas de secret et on l'a bien vu avec les ressources mobilisées pour tester, puis pour vacciner les Français contre le Covid : à un moment donné, il faut des bras. »

« Il n'y a plus assez de gynécologues non plus », souligne Boris Cyrulnik – et en effet, dans 13 départements français, en 2023, on ne trouvait plus de gynécologues médicaux. « Mais nous avons des sages-femmes très expérimentées, qui dans leur spécialité sont souvent meilleures que les médecins », poursuit l'auteur.

« Quand on dit qu'il n'y a plus de gynécos, on oublie les généralistes et les sages-femmes qui peuvent agir, confirme Isabelle Derrendinger, présidente de l'Ordre des sages-femmes. Nous réalisons les accouchements, mais également le suivi gynécologique des femmes en bonne santé, l'éducation affective et sexuelle des jeunes (contraception comprise), l'accompagnement à la ménopause, la prévention des cancers gynécologiques, les IVG médicamenteuses et instrumentales… »

Mais les sages-femmes, en dépit de leur polyvalence, font face à la chute des capacités d'accueil des maternités. « On a déjà perdu beaucoup de lits et aujourd'hui, je mets au défi quiconque de me dire combien nous avons de maternités qui fonctionnent en temps réel. Elles ferment de façon aléatoire et sporadique (souvent en raison d'un manque de médecins spécialistes : gynécologues-obstétriciens, anesthésistes, pédiatres et sages-femmes), sans communiquer auprès de la presse ni des ARS. Cet été, une femme enceinte de jumeaux a été transférée par sa maternité vers un autre établissement en raison du manque de place. À la naissance, ses enfants ont nécessité tous les deux une hospitalisation en réanimation néonatale, hospitalisation dans deux établissements différents de leur mère, éloignés respectivement de 300 km de celle-ci par manque de place. Je ne sais même pas s'il faut l'écrire. Mais on en est là. La situation s'est terriblement durcie. »

> “ *Je mets au défi quiconque de me dire combien nous avons de maternités qui fonctionnent en temps réel. Elles ferment de façon aléatoire et sporadique, sans communiquer auprès de la presse ni des ARS.* ”
>
> Isabelle Derrendinger

## Postes à pourvoir

Autre profession qui manque de bras : celle des médecins coordonnateurs. Un métier méconnu du grand public et pourtant indispensable lui aussi. Pascal Meyvaert est médecin coordonnateur en Ehpad, à côté de Strasbourg. Sa profession a été créée en 1999 : « C'était la première fois qu'une profession médicale voyait ses missions fixées par décret », explique-t-il. Objectif : amener dans les maisons de retraite une présence médicale, à l'opposé des « mouroirs » qu'elles pouvaient alors représenter.

« Notre rôle est de nous assurer des bonnes pratiques gériatriques. Nous acculturons les équipes. Ce n'est pas parce qu'on a 90 ans qu'il ne faut plus faire d'imagerie en cas de douleurs ni renoncer aux activités physiques et culturelles. Nous sommes là pour défendre les personnes âgées », résume-t-il.

Cette profession se heurte à l'absence de professionnels disponibles. « Il y a une pénurie de médecins coordonnateurs, indique Pascal. Chaque Ehpad est censé en avoir un, c'est obligatoire, mais un tiers des postes sont vacants. »

Un débat existe sur le fait d'autoriser ces médecins coordonnateurs à prescrire. « Plusieurs instances décisionnaires souhaiteraient faire des médecins coordonnateurs en Ehpad des prescripteurs afin de pallier le manque de médecins, mais nous sommes convaincus que ce serait nous transformer en médecins traitants prescripteurs, ce qui ferait disparaître notre rôle qualitatif dans les Ehpad, souligne Pascal Meyvaert. C'est pourquoi nous défendons le rôle propre du médecin coordonnateur, qui est de promouvoir les bonnes pratiques gériatriques d'un côté, et celui de médecin traitant prescripteur de l'autre, les deux fonctions existant sur des contrats distincts et des temps différents, même si un même médecin peut exercer les deux fonctions. C'est la ligne que je défends depuis des années. »

Autre frein potentiel : le directeur de l'Ehpad garde le pouvoir de décision. Le médecin coordonnateur joue un rôle de conseil. Entre les deux professionnels, l'articulation est plus ou moins fluide, en fonction des tempéraments.

« On dit aussi qu'on manque d'ophtalmologistes, souligne l'un de nos interviewés. Mais la France est l'un des rares pays où les ophtalmos réalisent encore eux-mêmes les examens de base : fonds d'œil, etc. L'initiative de Point Vision est intéressante en ce qu'elle permet de recevoir des patients rapidement, grâce à une organisation du cabinet plus efficace, répartis sur plusieurs corps de métier. »

Nous arrivons là au cœur de ce livre, les sujets d'organisation du travail, développés au chapitre 4, *via* notamment le témoignage de François Pelen, cofondateur de Point Vision.

## Un risque : être soigné en fonction de son réseau

Dans un hôpital du Sud-Ouest de la France, le directeur préfère « voir le verre à moitié plein » : même s'il fait le constat d'un système en difficulté, il constate en échangeant avec d'autres collègues directeurs que « notre vision de l'hôpital et du système de santé n'est pas si noire : lors de la crise du Covid, le système a tenu. Sur le terrain, nous nous sommes tous réorganisés avec plus ou moins d'aide ou de réactivité du niveau national ou des ARS. »

« Aujourd'hui, on ne peut nier la crise, poursuit-il. Nous avons des difficultés à recruter des professionnels de santé et à faire fonctionner nos structures à pleine capacité ; nous avons besoin de financements pour renouveler nos équipements, nos locaux. »

« Cela peut être difficile d'entrer à l'hôpital. On manque de lits, on a du mal à ouvrir tous nos blocs. Sans médecins traitants, il faut connaître le bon service et arriver à prendre un rendez-vous dans des délais rapides. Par contre, une fois entré, on est très bien soigné. »

Bien décidé lui aussi à regarder vers l'avenir plutôt qu'à lancer une « chasse aux sorcières », car « la situation est trop grave pour qu'on perde notre temps à chercher des coupables », Gérard Raymond (France Assos Santé) fourmille d'idées pour améliorer les choses. Nous y reviendrons dans les pages qui suivent. Il nous appelle à « préserver la solidarité et l'humanisme qui sont aux racines du système de 1945, sous peine de voir le système se régénérer sur d'autres valeurs moins désirables ».

## Déserts… et suroffre

Début 2023, pendant les débats au sein de l'Assemblée nationale, on a beaucoup parlé des déserts médicaux. C'est une réalité, même s'il reste bienvenu de placer « déserts » entre guillemets – d'autres pays du monde vivent ces déserts avec plus d'acuité.

Guillaume Garot, député PS de Mayenne, porte une proposition de loi transpartisane, issue des « neuf groupes républicains de l'Assemblée ». Objectif : réguler l'installation des médecins. Son combat met le feu aux poudres, mais pour lui il s'agit d'un impératif pour protéger l'égalité de notre devise et même protéger notre République.
« Si l'on compare ce qui est comparable, autrement dit si l'on se penche sur la densité de soignants par habitant, souligne-t-il, il y a trois fois plus de généralistes dans les Hautes-Alpes qu'en Eure-et-Loir. Dix-huit fois plus d'ophtalmos à Paris que dans la Creuse. Et vingt-trois fois plus de dermatos à Paris que dans la Nièvre. »

Des « déserts médicaux », donc. Mais aussi de l'autre côté du spectre : des territoires surdotés. On entend beaucoup plus rarement parler de la « suroffre », mais elle est bien le pendant des « déserts », avec ses bassins de population qui enregistrent un nombre de soignants et/ou de plateaux techniques largement supérieur à la moyenne nationale.

Cofondateur du *think tank* La Fabrique de la Santé, Christophe Jacquinet a dirigé deux agences régionales de santé (ARS) entre 2009 et 2014 : Picardie et Rhône-Alpes. Il a présidé le collège des directeurs généraux des ARS de 2011 à 2013. Celui qui a fait des études de médecine, mais a choisi « d'aller soigner plutôt notre système de santé », estime comme Guillaume Garot que les inégalités actuelles d'accès aux soins fragilisent la démocratie. Et qu'il faut combattre les déséquilibres locaux.

> *« On entend beaucoup plus rarement parler de la « suroffre », mais elle est bien le pendant des « déserts », avec ses bassins de population qui enregistrent un nombre de soignants et/ou de plateaux techniques largement supérieur à la moyenne nationale. »*
>
> Christophe Jacquinet

« Quand j'étais à l'ARS de Rhône-Alpes, j'ai lutté contre l'excès d'offre des centres de cardiologie interventionnelle et de chirurgie cardiaque à Grenoble et à Lyon. À côté de ça, l'Ardèche et le Nord de la Loire étaient mal lotis. Il faut aller chercher l'argent là où il se trouve, c'est-à-dire ni dans les Ehpad ni dans la prévention, mais dans ces plateaux-là, qui développent une hyperconcurrence. Le rôle de l'ARS est bien d'organiser l'accès aux soins sur son territoire. Quand vous faites cela, c'est très dur. Vous vous attaquez à des rentes. »

La suroffre est un problème dès lors qu'elle se tisse au détriment d'autres territoires, mais aussi parce qu'elle favorise une surconsommation des soins, creusant le budget de la santé.

Le système actuel mise globalement sur le sens des responsabilités des patients et sur leur capacité de jugement. Mais un passage aux Urgences pédiatriques à 4 h du matin pour un aphte, les soignants que nous avons interviewés en ont vu. Même chose chez les généralistes : « Aujourd'hui, rappelle Pierre-Marie Coquet, médecin dans le Nord de la France, un patient qui veut voir tous les mois son généraliste pour une hypothyroïdie peut prendre rendez-vous, alors que c'est parfaitement inutile. Nous avons une plateforme financière ouverte à tout va. Certains patients ont des comportements très consuméristes. »

Pour réduire les dépenses, on ne peut pas *a priori* faire porter le changement uniquement sur les professionnels de santé : les patients ont leur rôle à jouer. Pour la Cnam, il s'agit de ses assurés, auprès de qui elle a très bonne réputation. L'Assurance Maladie peut-elle les « responsabiliser », même si le terme est très connoté ?

Thomas Fatôme va lancer une campagne de communication en ce sens, mais sur le fond, il estime que la surconsommation médicale n'est pas un vrai sujet. « Bien sûr, il y a tout le débat sur les "lapins". Mais la réalité, c'est que la surutilisation des ressources reste faible. 20 % des assurés représentent 90 % de la dépense. Et ils sont "vraiment" malades. Cela ne nous exonère pas de campagnes sur le sujet, pour sensibiliser la population (avec des messages indiquant qu'il est important d'honorer ses rendez-vous, de prendre ses médicaments, de ne pas courir aux Urgences pour rien...), mais nous ne voulons pas endosser un rôle culpabilisant ni moralisateur. Et nous faisons pleinement confiance aux médecins pour avoir cette discussion avec leurs patients. Aller plus loin que l'incitation, c'est extrêmement délicat, car cela peut être perçu comme une invitation au rationnement. »

> *« 20 % des assurés représentent 90 % de la dépense. Et ils sont "vraiment" malades. »*
>
> Thomas Fatôme

## Éducation thérapeutique

« Je préfère parler d'accompagnement que d'éducation, car "éducation", ça a l'air de dire "Les patients sont cons" et "thérapeutique", ça sonne comme "Vous êtes malades", déclare Gérard Raymond. Mais l'idée est bien là : permettre aux patients de devenir acteurs de leur propre santé. Fort logiquement, ce n'est pas une fois qu'ils sont hospitalisés qu'il faut les sensibiliser, mais beaucoup plus haut dans la chaîne. Cela fait 20 ans que je dis : sortez l'éducation thérapeutique de l'hôpital, mettez-la sur les territoires ! »

Nous y reviendrons largement dans le quatrième chapitre de ce livre, mais l'éducation thérapeutique fait partie des solutions majeures pour remuscler notre système de santé. En rebond, elle permet aussi aux soignants qui s'y intéressent de s'unir autour d'un défi commun et d'échanger plus largement sur leurs périmètres respectifs, comme on le voit dans certaines MSP où l'équipe se forme volontairement le samedi matin à ces problématiques.

Le patient le plus courant en France est le diabétique, mais il n'est parfois pas très au fait de sa propre pathologie, qui n'appelle pas à des consultations médicales régulières.

On lit parfois que les rapports se tendent entre soignants et patients : ces derniers se comporteraient comme des enfants gâtés, estimant que la santé est un dû, habitués de trop longue date à ne rien payer pour être soignés. Les soignants que nous avons interrogés confirment bien la hausse des « lapins » (les rendez-vous non honorés, y compris pour de soi-disant urgences), mais ils réfutent pourtant ce portrait d'un patient exigeant, capricieux, ingrat, tout comme ils réfutent celui d'un patient incapable de comprendre ce qu'on lui explique ou celui d'un patient « inobservant ».

« Je ne supporte pas ce terme d'inobservance, reprend Gérard Raymond, très attaché au choix des mots. Pour moi, c'est l'adhésion et la participation qu'il faut travailler. Tant que le patient recevra une injonction qu'il ne comprend pas, alors oui : il y aura de "l'inobservance" ! »

Ex-DG adjoint de l'AP-HP, Étienne Grass trouve lui aussi que « éducation thérapeutique », « observance », etc. sont des termes, voire des approches paternalistes. De même pour la notion de parcours de soins, « qui n'a pas de sens, car le patient navigue où il veut, où il peut, comme le montre le succès de Doctolib ». Le sujet est quand même sérieux, avec notamment « 30 à 40 % des médicaments prescrits qui ne sont pas consommés ». Et de proposer de miser sur « l'effet Pygmalion, une sorte de prophétie autoréalisatrice qui provoque une amélioration des performances du patient par le simple fait de lui faire croire en sa réussite ».

> *« Je ne supporte pas ce terme d'inobservance [...] Tant que le patient recevra une injonction qu'il ne comprend pas, alors oui : il y aura de "l'inobservance" ! »*
>
> Gérard Raymond

Il s'agit ici du thème central de la confiance entre patient et soignant. Celle-ci est parfois rompue, lorsque les patients, en plus de ne pas recevoir d'informations claires, subissent un jugement moral ou des violences (sexistes, racistes, etc.). C'est ainsi que sont nés des sites comme Gyn&co, lancé par un groupe de militantes pour mettre à disposition une liste de soignants « pratiquant des actes gynécologiques avec une approche féministe (qu'il s'agisse de gynécologues, de médecins généralistes ou de sages-femmes) ».

## Suis-je malade ou pas ?

La réponse à cette question pourtant simple est plus complexe qu'il n'y paraît.

La philosophe et psychanalyste Cynthia Fleury a pris la tête de la chaire Humanités et Santé au Conservatoire national des arts et métiers en 2018. À cette occasion, son parrain, le médecin Jean-Claude Ameisen, ancien président du Comité consultatif national d'éthique, a rappelé la définition de la santé de l'OMS. Elle est inscrite dans le préambule de sa Constitution – et c'en est même la toute première phrase : « La santé est un état de complet bien-être physique, mental et social et ne consiste pas seulement en une absence de maladie ou d'infirmité. »

La santé n'est pas « seulement une absence de maladie ». Cette définition inclut la qualité de nos relations aux autres, a souligné Jean-Claude Ameisen : à commencer par la qualité de la relation entre patients et soignants.

## La santé est (aussi) une construction sociale

Suis-je malade ? La réponse nous vient aussi de la société dans laquelle nous vivons, comme le souligne Michaël Dandrieux (Sciences Po) : « Dans un passé récent, on a déclaré que les homosexuels étaient malades. Et on a annoncé aux femmes souffrant d'endométriose qu'elles n'avaient rien. La société contribue à dicter les critères de la maladie. »

Le Covid nous l'a rappelé, poursuit le sociologue : « En fonction de notre situation personnelle, nous étions plus ou moins en danger. Un jeune en pleine santé pouvait légitimement estimer que le Covid n'était pas une maladie. Il a fallu que les États mettent en place des mesures pour protéger la partie la plus fragile de leur population : il a fallu, précisément, "décider" que c'était une maladie et qu'elle était grave. »

La santé, parce qu'elle touche à ce que nous avons de plus précieux (une vie) est le royaume des imaginaires. « N'oublions jamais que la rencontre entre l'humain et la médecine fait rôder le spectre de la mort. La question que le patient pose tacitement à son médecin, ce n'est pas "Quels médicaments dois-je prendre ?", mais plutôt "Comment vais-je sortir de votre cabinet en croyant que je ne mourrai pas ?". Il est naturel d'avoir besoin de plus qu'une ordonnance.

Occulter cette portée symbolique du soin, c'est nuire au patient, mais aussi au soignant, que l'on vient amputer de la plus belle part de sa mission. »

> « *La question que le patient pose tacitement à son médecin, ce n'est pas "Quels médicaments dois-je prendre ?", mais plutôt "Comment vais-je sortir de votre cabinet en croyant que je ne mourrai pas ?"* »
>
> Michaël Dandrieux

## Un temps de parole inégalement distribué

Dans cette relation complexe entre patient et soignant, la répartition du temps de parole n'est pas un point de détail. Aujourd'hui, la balance penche encore nettement en faveur du soignant. « Le temps donné au patient, c'est 30 ou 40 secondes pour parler de son problème, avant d'être interrompu par le médecin », souligne Norman Sartorius, ancien directeur de la Division de la santé mentale de l'OMS.

« Et en plus, le médecin ne peut plus vous regarder, il est assis de côté, face à son ordinateur. De temps en temps, il se tourne vers vous pour vous poser une question. Mais il doit tout écrire. »

René Amalberti, conseiller sécurité des soins à la Haute Autorité de Santé (HAS), relevait en 2012 que « les médecins surestiment considérablement le temps de parole accordé au patient, qu'ils évaluent à neuf minutes sur une consultation de 20 minutes… alors qu'en réalité, ce temps de parole moyen ne dépasse pas une minute » (*Audit de sécurité des soins en médecine de ville*).

Pour nouer une relation de qualité, il faut s'écouter. Ce n'est pas Martin Winckler, médecin et écrivain, qui dira le contraire. « Les mieux placés pour dire aux soignants comment soigner, ce sont les patients. Mais on ne leur demande jamais leur avis. Ce qui serait vraiment révolutionnaire, ce serait un lieu de partage et d'échange, où les soignés seraient paritaires avec les soignants. » L'intégralité de son *Chœur des femmes* plaide en faveur de l'écoute. Et ce dialogue ne se tisse pas au seul bénéfice du patient : le médecin aussi y trouve son intérêt, ou plutôt, son patient « alpha », comme l'a baptisé l'écrivain. Le patient alpha est celui qui permet au médecin de se réaliser : d'orienter sa pratique en fonction du terrain.

> « *Les mieux placés pour dire aux soignants comment soigner, ce sont les patients. Mais on ne leur demande jamais leur avis. Ce qui serait vraiment révolutionnaire, ce serait un lieu de partage et d'échange, où les soignés seraient paritaires avec les soignants.* »
>
> Martin Winckler

## Pas d'étude de marché

« Notre système de soins est le seul secteur aujourd'hui où l'on ne fait pas une étude de marché pour définir l'offre. On s'installe où on veut. On agrandit les établissements de soins, ou on les transforme, parce qu'on a décrété qu'il le fallait. Il serait tout de même plus intéressant de s'interroger : quelle est la demande ? Quels sont les besoins de notre population ? »

Ce constat est celui de Gérard Raymond. Rappelons que France Assos Santé est la structure qui défend les intérêts des usagers du système de santé. Financée par l'État, sa mission est inscrite dans le Code de la santé publique depuis 2016. Gérard Raymond défend un audit global, pour construire une feuille de route.

## Vers la médecine en équipe

« Dans notre pays, nous avons toujours eu un système de soins, mais jamais de système de santé, reprend Gérard Raymond, avant de dérouler ses convictions et une stratégie articulée sur trois piliers.

En préambule, il affirme avec force que « la médecine solitaire, c'est terminé » : un point de vue partagé par bon nombre de soignants, comme nous le verrons dans les pages qui suivent en nous faisant le relais d'initiatives qui toutes sont fondées sur le travail d'équipe. « La médecine aujourd'hui est solidaire, poursuit Gérard Raymond. Sur un territoire donné (rural ou urbain, avec une population jeune ou âgée, etc.), il faut une équipe de professionnels de santé qui réponde à trois missions. D'abord, la prévention. Il n'est pas certain que le médecin traitant soit le mieux placé pour ça. Il faut travailler avec la commune, l'école et l'entreprise. Ce sont les trois lieux au cœur de la prévention. »

La deuxième mission concerne la prise en charge, sur ce même territoire, des patients atteints de maladies chroniques. « Ce parcours de soins programmés, avec des pathologies connues et bien documentées (diabète, insuffisance respiratoire, maladies cardiovasculaires), mérite qu'on mette en place un parcours de santé plutôt que de soins, en les accompagnant, y compris sur les moyens modernes du numérique en santé. Personnellement, je suis diabétique de type 1, ça fait 22 ans que je n'ai pas vu mon généraliste. »

> « *Je suis un ancien joueur et entraîneur de rugby. La force, c'est le collectif.* »
>
> Gérard Raymond

Le troisième pilier est fort logiquement celui des parcours non programmés. « Je me lève, j'ai mal au coude. J'appelle qui ? Je fais quoi ? Il faut se demander comment notre équipe, sur son territoire, permet d'obtenir un entretien dans la journée. J'ai bien dit un entretien, pas une consultation. Si j'ai joué au tennis la veille, je me doute un peu d'où vient ma douleur au coude. Un pharmacien ou un kiné peut parfaitement m'aider, non ? C'est ainsi que l'on évite l'engorgement des Urgences et des salles d'attente des généralistes. »

Ce faisant, Gérard Raymond se prononce en faveur du partage des tâches. « Je suis un ancien joueur et entraîneur de rugby. La force, c'est le collectif. Et je suis persuadé que si nous arrivons à mettre tout le monde autour de la table avec quelques compensations intelligentes, nous y arriverons très bien. La solution en Corrèze ne sera pas la même que dans le 16e arrondissement et tant mieux, car ce n'est pas au ministère de trouver la solution concrète : c'est au niveau local. »

# 3

# Qui décide ?

## *L'héritage et les projets politiques*

Un corps social composé de presque 1,5 million de personnes, dont plus de la moitié d'infirmiers, peut faire ou défaire une élection.

« On nous dit à la fois “Soyez rentables” et “Vous êtes le service public”. On ne sait pas sur quel pied danser. »

Kada Klouche – Service de réanimation – CHU de Montpellier

Pour comprendre pourquoi le système se grippe, il faut prendre le temps d'en observer les rouages. Les pages qui suivent devraient vous guider à travers la drôle de construction qu'est notre système de santé, croisement d'un « millefeuille » (un empilement progressif de textes) et d'une pyramide : une organisation très jacobine, faussement décentralisée.

## L'enveloppe globale : l'Ondam

Tous les ans, le projet de loi de financement de la Sécurité sociale (PLFSS) est débattu au Parlement dans le cadre plus global du vote du budget de l'État.

Le Parlement fixe un Objectif national de dépenses d'assurance maladie (Ondam). Il fixe une limite globale aux dépenses de santé prises en charge par l'Assurance Maladie. Cet objectif est ensuite réparti en sous-enveloppes pour les différents secteurs d'activité (soins de ville, établissements de santé publics et privés, etc.), afin de réguler les dépenses de santé et d'en assurer leur maîtrise.

L'Ondam est souvent exprimé en pourcentage, ce qui représente la croissance des dépenses « autorisées » comparée à celles de l'année précédente. Pour 2022, l'Ondam avait été fixé à 236,3 milliards d'euros, soit une progression de 2,6 % par rapport à 2021.

Le Parlement français ne décide pas seul. Le chiffre définitif est le fruit de travaux et de négociations entre les acteurs du système.

Des négociations ont ainsi lieu :

- tous les ans entre l'administration du ministère de la Santé, la DGOS (Direction générale de l'offre de soins) et les établissements de santé publics et privés ;
- tous les cinq ans entre la Cnam (Caisse nationale de l'assurance maladie) et les professionnels de santé de ville.

Les négociations sont réalisées par les syndicats qui représentent la profession, d'un côté les établissements de soins et de l'autre les professionnels de santé de ville.

Elles ne portent pas uniquement sur le financement, mais également sur les objectifs en termes de qualité de soins par exemple. Mais on constate en pratique que le volet du financement monopolise l'attention et peut bloquer les négociations, y compris sur les autres sujets.

## Deux régulateurs pour un seul « marché »

D'abord un peu de théorie sur les rôles du régulateur, des opérateurs et des assureurs.

On entend souvent parler du régulateur dans certains domaines d'activité comme les médias (Arcom) ou les télécoms (Arcep).

Prenons l'exemple des télécoms. L'Arcep va attribuer des licences à des opérateurs (Bouygues, Free, Orange, SFR) qui vont fournir des services comme la téléphonie mobile à des clients comme nous. Pourquoi faut-il un régulateur ? D'abord, parce que les fréquences utilisées « appartiennent » aux Français et qu'on ne peut pas accepter qu'une seule entreprise se les accapare : il faut organiser leur utilisation, moyennant finances. Ensuite, il faut s'assurer que le marché reste concurrentiel afin que les prix pour le consommateur final soient acceptables. La concurrence favorise également l'innovation, au bénéfice du consommateur.

La santé est considérée comme un bien commun et surtout est financée par tous les Français. Dans notre système de santé, il existe de fait deux régulateurs (la DGOS et la Cnam) et de multiples opérateurs. On parle aussi d'effecteurs de soins : les établissements de soins et les professionnels de santé de ville. Le rôle de ces deux régulateurs est de répartir l'offre de soins entre les Français et les territoires, du nom d'une réforme bien connue (HPST). On y reviendra. En théorie, ici la mise en concurrence n'est pas souhaitée. En pratique, on verra que c'est plus subtil. Pour l'innovation, il existe des dispositifs, comme l'article 51 de la loi de financement de la Sécurité sociale pour 2018, qui la favorisent. Cet article autorise les porteurs de projets en santé à déposer une demande pour une expérimentation portant sur l'amélioration du parcours des patients, l'efficience du système de santé, l'accès aux soins ou la pertinence de la prescription des produits de santé.

Le dernier rapport au Parlement du collectif 51 (novembre 2022) fait état de 1 073 projets déposés pour 122 projets autorisés et 516 millions d'euros engagés.

Il existe également des assureurs que l'on ne retrouve pas dans le secteur des télécoms. Ils sont de deux types : l'un public, l'Assurance Maladie représentée au niveau national par la Cnam et au niveau départemental par les Caisses primaires d'assurance maladie (Cpam), et l'autre privé, les assureurs et mutuelles.

## L'un des restes à charge les plus bas du monde

Quand on assure sa maison ou sa voiture, on cherche à se protéger contre un risque : le risque d'incendie pour sa maison, le risque d'accident pour sa voiture. La raison est simple : on ne peut pas supporter ce type de risque tout seul. Le risque assuré par l'Assurance Maladie est la santé.

Dans tous les cas, on cotise à fonds perdus jusqu'au jour où on en a besoin. Pour la santé, on peut être tenté de considérer qu'on a « droit » aux soins, puisqu'on a cotisé : cela induit un risque de dérive consumériste.

L'Assurance Maladie comme les mutuelles et assureurs privés couvrent leurs assurés contre les risques liés à la maladie, maternité, invalidité, décès, accidents du travail et maladies professionnelles.

> *On peut être tenté de considérer qu'on a « droit » aux soins, puisqu'on a cotisé : cela induit un risque de dérive consumériste.*

Dans le cas de l'Assurance Maladie, la cotisation s'effectue, pour simplifier, par les cotisations sociales prélevées sur les salaires. Et dans les cas des autres assureurs santé par des mensualités, si l'on a décidé de souscrire à une mutuelle ou assurance complémentaire.

On parle de « complémentaire », car l'Assurance Maladie rembourse les soins au premier euro. Elle couvre environ les deux tiers des dépenses de santé en France, mais seulement 50 % des dépenses de soins ambulatoires (hors hôpitaux). Le complément se répartit entre les complémentaires et le reste à charge, ce que le patient sort de sa propre poche. Notons que le reste à charge en France est un des plus bas au monde.

Le mécanisme de financement est donc fondamentalement solidaire, puisque les cotisations de tous bénéficient à ceux qui en ont besoin.

Il y a cependant deux accrocs majeurs à ce principe de solidarité :
- Les soins financés ne bénéficient pas à tous, car il se développe une inégalité grandissante d'accès aux soins.
- Les déficits accumulés devront être financés par... nos enfants, voire nos petits-enfants.

## « Celui qui a l'argent, c'est celui qui décide »

L'Assurance Maladie joue donc deux rôles : celui de régulateur pour les soins de ville et celui d'assureur, ce qui est peut-être vu comme un mélange des genres. Il y a quelques années, le quotidien *Le Monde* avait réalisé un portrait du directeur de la Cnam de l'époque, Frédéric Van Roekeghem, en le décrivant comme « le ministre bis de la Santé », mettant en évidence le caractère bicéphale du régulateur du système de santé.

L'Assurance Maladie n'est évidemment pas indépendante, car elle est sous la double tutelle du ministère de la Santé et du ministère des Finances. Son action est encadrée par :

- une convention d'objectifs et de gestion (COG) ;
- le fameux Ondam.

Reste que l'Assurance Maladie est « assise sur le coffre-fort », comme le confiait ce même directeur. En effet, c'est elle qui gère les cotisations collectées et qui rembourse :

- les assurés qui consultent des médecins, infirmiers, etc. de ville ;
- les établissements de santé pour les hospitalisations de ces mêmes assurés.

Cela lui confère du pouvoir supplémentaire, selon le principe à l'œuvre à peu près partout dans la sphère économique : celui qui a l'argent, c'est celui qui décide…

> “ *L'Assurance Maladie est « assise sur le coffre-fort. »* ”

À ce propos, Étienne Grass, ex-DG adjoint de l'AP-HP, suggère une piste pour rationaliser les dépenses de santé : tirer parti de l'impératif de sobriété énergétique. « Jusqu'à présent, l'Assurance Maladie était focalisée sur le concept du “juste soin”, explique-t-il, pour tenter de limiter les prescriptions des médecins. Avec un succès très relatif. Nous entrons dans une phase où cette approche pourrait être remplacée – avantageusement ! – par la sobriété énergétique et la décarbonation de notre système de santé. C'est un levier de transformation majeur. Il aura potentiellement des conséquences sur les transports sanitaires en ambulance ou en taxi, sur la prescription des antibiotiques, sur les déchets hospitaliers ou encore sur l'architecture des établissements de santé. Cette nouvelle approche demande d'intervenir dès la formation des professionnels de santé. Certes, le système de santé mondial représente 5 % “seulement” du bilan carbone de la planète, mais en 2023 nous ne pouvons pas nous priver de ces 5 %. Et surtout, nous avons besoin d'un angle d'attaque efficace pour soigner de manière plus sobre, y compris d'un point de vue financier. »

« Le levier de la sobriété énergétique est excellent, défend lui aussi Thomas Fatôme, directeur général de la Cnam. D'abord, parce que c'est une nécessité pour assurer la transition écologique de notre système de santé. Et ensuite, parce qu'il motive les établissements de santé à réduire leurs dépenses, bien plus que lorsque nous leur disons : c'est la Cnam qui vous le demande. Nous allons ajouter dans chaque négociation une “brique verte” : nous parlerons décarbonation et sobriété. Nous avons déjà construit avec les pharmaciens un premier kit : la description d'une pharmacie responsable. Nous voulons faire la même chose avec les médecins et les autres professions de santé. L'hôpital est bien sûr concerné au premier chef : entre médicaments et dispositifs médicaux, les marges de progrès sont importantes. Ce levier rejoint celui de la prévention. »

## Tarification : suivez-nous dans le maquis

Lors des dernières négociations conventionnelles qui ont duré quatre mois de fin 2022 à début 2023, les syndicats de médecins libéraux ont exigé que le montant de la consultation soit le premier sujet discuté, preuve s'il en était besoin, que ce sujet est devenu un point de crispation majeur.

Il n'évolue quasiment pas, car il est négocié, comme c'était le cas début 2023, tous les cinq ans. Pas surprenant que les médecins de ville, et en premier lieu leurs représentants, les syndicats, soient prêts à en découdre avec la Cnam après plusieurs années de blocage du prix. On peut s'interroger d'ailleurs : ne serait-il pas possible de désynchroniser les négociations entre d'une part, le montant des consultations et d'autre part, la contribution des médecins à la stratégie de santé, avec une temporalité différente pour apaiser le débat ?

Comment sortir les négociations conventionnelles de la seule problématique de rémunération ? Et travailler, par exemple, sur la répartition de la charge entre professionnels de santé ? Que faudrait-il faire pour éviter de se retrouver systématiquement dans cette impasse ?

Interrogé sur ce point, Thomas Fatôme, le patron de l'Assurance Maladie, estime que l'entremêlement des deux sujets – l'organisation des pratiques et la question de la rémunération – est davantage « une force » qu'un point bloquant. « Certains estiment qu'il vaudrait mieux parler d'organisation ailleurs et ne discuter à la Cnam que des tarifs. J'estime au contraire que les deux étant étroitement liés, il faut traiter les deux sujets ensemble. »

« La tension sur les rémunérations existe depuis toujours, reprend Thomas Fatôme, mais elle s'est accrue ces derniers mois et devient majeure en ces temps d'inflation. Avec la fragilisation du système de santé et le manque de soignants, le contexte est difficile. Mais je crois au dialogue social. Et si vous ne discutez pas des assistants médicaux avec les médecins, par exemple, il vous manque des éléments structurants de la négociation. »

Thomas Fatôme n'est pas favorable à l'idée de confier aux médecins une enveloppe et de les laisser s'organiser comme ils l'entendent, sur le partage des tâches notamment. « Notre système est original en ce qu'il repose notamment sur l'intervention de libéraux, financés par de l'argent public. Il me semble normal à la fois de ne pas vouloir organiser leur travail, mais aussi de demander des garanties sur la façon dont ils vont répondre aux millions de Français qui n'ont pas de médecin traitant. Honnêtement, je ne suis pas sûr qu'il suffise d'augmenter le montant des consultations, pour qu'ils reçoivent davantage de patients. Or, c'est de ce type de contreparties dont nous avons besoin. »

Thomas Fatôme déplore l'existence d'un « malentendu, de part et d'autre ». « C'est un sujet de frustration pour nous, car nous savons combien la médecine libérale est efficace, elle qui reçoit un million de patients par jour pour les généralistes. » Il envisage de construire des « espaces de discussion plus larges », pour faire entrer un peu d'air dans les négociations, en y associant les patients, et les Ordres peut-être, même s'il rappelle que chacun doit rester dans son rôle : « En ce début d'année, on a vu une confusion des rôles qui n'a fait que nuire au débat. Les négociations conventionnelles sont parfois perçues comme un vase clos dont personne ne comprend les règles. Je ne suis pas contre l'idée d'ouvrir le tour de table. »

La tarification des soins est un vrai maquis et s'est complexifiée au fil des années par addition de règles, faute de trouver une solution simple et radicalement nouvelle aux enjeux et contraintes. Les enjeux sont simples : permettre l'accès à des soins de qualité à l'ensemble des Français. On devrait parler de permanence des soins, car les plages horaires posent autant de problèmes que la répartition territoriale de l'offre de soins.

On pourrait s'arrêter là, mais il faut ajouter l'enjeu de la coordination de la prise en charge des patients. Les premiers concernés sont les malades chroniques qui alternent des phases de répit et des phases aiguës nécessitant une prise en charge tantôt en ville, tantôt à l'hôpital. On parle de parcours de soins.

Il faut faire tout cela sans déséquilibrer les finances publiques et avec moins de soignants et de médecins traitants. Non seulement il y en a moins, mais en plus le système doit composer avec le souhait légitime des soignants de vivre comme leurs compatriotes, à savoir avec un volume de travail raisonnable. Excusez du peu.

Or, l'organisation même de la prise en charge en silos, les tarifications et statuts ne favorisent ni la permanence de soins, ni la répartition de l'offre sur le territoire, ni un parcours de soins efficace. Les effecteurs de soins étant fondamentalement différents, les ruptures dans le parcours sont inévitables. Cela ne veut pas dire que les professionnels de santé ne s'en soucient pas, bien au contraire, mais le cadre dans lequel ils exercent ressemble plus à un parcours d'obstacles.

> *« L'organisation même de la prise en charge en silos, les tarifications et statuts ne favorisent ni la permanence de soins, ni la répartition de l'offre sur le territoire, ni un parcours de soins efficace. »*

La prise en charge en silos est en quelque sorte entretenue par les modes de rémunération, les statuts, les salaires et ce « truc bizarre » qui s'appelle la non-fongibilité des enveloppes.

D'une part, l'activité de court séjour en médecine, chirurgie et obstétrique (MCO) de l'hôpital est rémunérée selon le nombre de séjours en utilisant la tarification à l'activité (T2A) et d'autre part, la ville est rémunérée à l'acte. Pour l'hôpital public, la T2A rémunérant les courts séjours correspond à environ 60 % de leur recette totale. Pour les professionnels de la ville, le revenu à la fin du mois dépend d'actes réalisés et donc du nombre de patients vus.

Il y a ensuite les statuts :

- libéral, c'est-à-dire privé ou à « son compte » pour les médecins généralistes et spécialistes, infirmiers, kinés de ville qui travaillent de façon indépendante ;
- salarié, dans les hôpitaux, soit de la fonction publique hospitalière, soit contractuel dans le public, ou en contrat classique pour les établissements privés.

Pour couronner le tout, la grille des salaires des personnels de la fonction publique hospitalière est décidée au niveau national. Les grilles prennent peu en compte les différences de pouvoir d'achat entre les régions, ce qui explique en partie pourquoi l'Assistance publique-Hôpitaux de Paris (AP-HP) a tant de mal à attirer les infirmières et à les retenir. Par ailleurs, le fait de ne pas laisser une certaine liberté aux établissements publics dans la fixation des salaires ne permet pas de lutter contre la concurrence des établissements privés, qui eux peuvent adapter leur niveau de rémunération aux activités les plus rentables.

## Vers la fin de la tarification à l'activité dans les établissements de santé en 2024

La tarification à l'activité (T2A) est en place pour l'activité de court séjour des établissements de soins publics et privés depuis 2004. Avant, les établissements étaient payés selon une dotation globale, reflet de leur activité. Cette activité était basée sur le PMSI mis en place en 1996 : le Programme de médicalisation des systèmes d'information visait à réduire les inégalités de ressources entre établissements de santé. Afin de mesurer l'activité et les ressources de ces établissements, il était nécessaire de disposer d'informations quantifiées et standardisées. En 2004, il a été décidé que le PMSI serait « tarifant »… et la T2A était née.

Comme le budget de l'établissement en dépendait, il a fallu mettre en place un dispositif pour coder correctement l'activité. Cela ne s'est pas fait sans douleur. Du jour au lendemain, les médecins hospitaliers ont dû passer de plus en plus de temps devant leur ordinateur pour des activités liées à la facturation. Temps perdu évidemment pour les patients. En plus de coder, il a fallu le faire correctement, car l'ARS peut réaliser des audits et demander de rembourser les trop-perçus. Les établissements se sont adjoints des consultants pour optimiser le codage. Et c'est à ce moment-là que le système a commencé à dysfonctionner. Des « petits malins » ont vite vu que certains actes étaient plus rentables que d'autres. En effet, il y a une anomalie économique, car l'échelle des tarifs ne correspond pas à l'échelle des coûts et donc la marge bénéficiaire n'est pas la même selon les séjours. Logiquement, le principal grief fait à la T2A est le déséquilibre de l'offre de soins au profit des cliniques privées qui se sont concentrées sur les actes rentables en délaissant les autres.

L'hôpital public, qui a une obligation de service public, a dû compenser. Ces activités moins rentables ont creusé son déficit sans qu'il ait la possibilité d'adapter ses coûts. On oublie souvent que la structure de coût d'un hôpital public, et particulièrement celle d'un CHU, est plus élevée que celle d'un établissement privé à cause des missions qu'il doit accomplir, mais aussi à cause des rigidités réglementaires sur les salaires ou statuts par exemple.

> « *Le principal grief fait à la T2A est le déséquilibre de l'offre de soins au profit des cliniques privées qui se sont concentrées sur les actes rentables en délaissant les autres.* »

Ce qui était à l'origine une mesure d'équité a conduit à l'inverse de l'effet recherché. Michaël Dandrieux, sociologue à Sciences Po, va plus loin : « La T2A, tarification à l'activité, vient des États-Unis dès les années 1970. On pense alors qu'une chose doit être découpée pour être comprise. L'atomisation de la connaissance – l'infiniment petit – nous a certes beaucoup aidés pour comprendre notre monde, mais jusqu'à ce qu'on arrive à sa limite : ne plus en percevoir la complexité. Il y a un système biologique complexe à côté duquel on peut passer : l'humain ! Quand on fixe une limite, un nombre de lits par exemple, on prive l'humain de ce qui lui est cher : l'excédentaire. L'humain ne vit pas dans les limites. Vivre, ce n'est pas survivre. »

La T2A, elle, ne devrait pas survivre au-delà de 2024 avec un PLFSS qui doit proposer un autre dispositif.

## Et la qualité des soins dans tout ça ?

Avant d'aborder la tarification de la médecine libérale, on peut se demander où se cache l'objectif de qualité de soins qui, force est de le constater, n'occupe pas le devant de la scène médiatique. La qualité de soins se matérialise par un cahier des charges auquel doivent se plier les hôpitaux et les médecins libéraux.

Les établissements de santé ou médico-sociaux signent des contrats pluriannuels d'objectifs et de moyens (CPOM) avec leur tutelle, l'ARS, où figurent des objectifs de qualité. On verra plus loin comment ces indicateurs de qualité ont progressivement été introduits dans la tarification de la médecine libérale.

## La figure centrale du médecin

Si vous suivez toujours, il faut faire une pause pour bien comprendre pourquoi on parle beaucoup – trop ? – de médecine libérale. Les autres professions de santé sont évidemment concernées. Dans notre pays, la médecine est centrale et donc le médecin est central. « Les médecins sont entre Jésus et Dieu, et parfois très proches de Dieu », souligne l'un de nos interviewés. « Le médecin, c'est le sorcier du village : il ne faut pas y toucher », ajoute un autre.

> *« Les médecins sont entre Jésus et Dieu, et parfois très proches de Dieu. »*

Les autres disciplines sont définies en référence à la médecine. Les représentants des médecins l'affirment haut et fort : si les patients ne passent pas par un médecin, la qualité de leur prise en charge s'en trouvera dégradée. Même s'il n'est évidemment pas question de se passer des médecins, ce postulat ou cette posture est un obstacle à une répartition plus large de la prise en charge des patients par d'autres professionnels de santé.

## Le malentendu

Faisons maintenant un petit détour pour se pencher sur un malentendu qui persiste : le statut privé des libéraux et leur mode de financement qui, lui, est public.

Le statut libéral sous-entend une liberté quasi totale : liberté d'installation et liberté d'exercice. C'est le volet des droits.

> *« Il n'y a pas beaucoup de domaines d'activité libérale où l'on est certain de faire son chiffre d'affaires à la fin de l'année. »*

Le financement public, en revanche, implique des devoirs pour les libéraux. L'argent des Français solvabilise l'activité des professionnels libéraux et leur assure une activité. Cela peut faire des envieux. Il n'y a pas beaucoup de domaines d'activité libérale où l'on est certain de faire son chiffre d'affaires à la fin de l'année…

Légitimement, la puissance publique peut demander des comptes. Mais on n'arrive pas à trouver vraiment de solution. Et comme le veut le vieil adage, on ne sort de l'ambiguïté qu'à ses dépens. Pour l'instant, le blocage coûte surtout aux patients.

Certains syndicats comme l'UFML (Union française pour une médecine libre) n'hésitent plus à aborder le tabou du déconventionnement pour ne plus avoir à rendre de comptes à l'Assurance Maladie. En pratique, cela veut dire un montant de consultation libre pour les médecins, mais un remboursement quasi nul pour les patients. La sortie de la convention est d'ailleurs possible, mais sa généralisation entérinerait de fait une médecine à deux vitesses.

Franck Devulder, président de la CSMF (Confédération des syndicats médicaux français), appelle à tenter une voie médiane : « Je crois à l'entrepreneuriat médical. Il faut donner aux médecins des droits et des devoirs. Confiez-leur par exemple une enveloppe pour gérer un patient atteint de diabète à l'année et ils sauront la dépenser intelligemment : une IPA, deux consultations chez le spécialiste, etc. »

Son confrère Christian Vedrenne, généraliste dans les Pyrénées-Orientales, où il a fondé sa MSP, abonde sur les assistants médicaux. « Ils peuvent faire une prise de tension, un suivi de fond d'œil, aider les patients à se déshabiller, etc. Le médecin les voit après, et seulement sur la partie médicale. »

« Un cabinet de dentistes a ouvert à côté de chez nous, raconte un manipulateur radio à l'hôpital. Il salarie aussi un médecin généraliste et un assistant médical. Vous pouvez prendre rendez-vous sur

Doctolib, ils reçoivent les patients pour une urgence ou qui n'ont pas accès à un médecin traitant. Le rôle de l'assistant médical est crucial dans cette nouvelle organisation, avec une gestion du questionnaire de santé, une prise des constantes, le traitement administratif des bilans et comptes-rendus d'examens, et la saisie informatique et mise à jour du dossier patient au niveau du cabinet, avant de voir le médecin. La consultation dure en moyenne 15 minutes. »

> *« Il faut donner aux médecins des droits et des devoirs. Confiez-leur par exemple une enveloppe pour gérer un patient atteint de diabète à l'année et ils sauront la dépenser intelligemment : une IPA, deux consultations chez le spécialiste, etc. »*
>
> Franck Devulder

## Des objectifs de santé publique « cachés » dans la rémunération des médecins

Mais l'Assurance Maladie n'est pas prête à laisser les médecins, notamment généralistes, faire ce qu'ils veulent. Quand nous allons chez notre médecin, nous payons 25 euros pour une consultation.

On ignore que le médecin peut toucher plus que ces 25 euros s'il atteint certains objectifs pour sa patientèle : c'est la ROSP (rémunération sur objectifs de santé publique) qui a vocation à faire évoluer les pratiques pour atteindre les objectifs de santé. Elle repose sur 29 indicateurs de pratique clinique organisés autour de trois grands volets : le suivi des pathologies chroniques, la prévention et l'efficience des prescriptions.

Au-delà de l'intérêt pour les patients, grâce à l'atteinte de ces objectifs, le médecin traitant peut toucher des primes. Il faut savoir que les médecins doivent déclarer leurs indicateurs à l'Assurance Maladie, ce qui demande du temps. Même si ce principe est sain, on peut quand même s'interroger : est-il vraiment nécessaire de contrôler un médecin sur des objectifs qui devraient faire partie de son métier, pour lequel il a été formé pendant une dizaine d'années ?

Dans la dernière convention médicale de 2023, qui finalement n'a pas été signée par les syndicats, l'Assurance Maladie a souhaité introduire d'autres objectifs en échange d'une rémunération bonifiée. Quelques exemples :

- un « contrat d'engagement territorial » facultatif ;
- des contreparties sur trois thématiques : l'augmentation de l'offre médicale, l'accès financier aux soins, la participation aux besoins de soins du territoire ;
- des aides à l'installation et à l'embauche d'assistants médicaux, avec notamment des bonus importants pour la première installation d'un médecin dans un territoire en souffrance.

Las, malgré ou à cause de la revalorisation de 1,50 euro de tous les actes, le blocage est total. Le tarif de référence d'un généraliste devait passer à 26,50 euros. Certains syndicats de médecins ont pris cela comme une « insulte », alors qu'ils espéraient passer la barre des 30 euros, voire des 50 euros.

La CSMF plaidait en faveur de la création de plusieurs tarifs de consultations, en fonction de leur durée.

« Comment voulez-vous qu'un médecin généraliste se sente reconnu lorsque le temps qu'il passe avec son patient est rémunéré 25 euros, soit moins qu'une coupe de cheveux chez le coiffeur ?, s'interroge Jean-Paul Ortiz. Bien sûr, c'est difficile à comparer, car les patients sont solvabilisés par la Sécurité sociale. Mais à un moment, la rémunération d'un individu, c'est aussi la façon dont la société le considère. »

« Pour moi, poursuit-il, la consultation à 25 euros cache le vrai problème : celui de la réorganisation du système. Celui de la délégation des tâches, sur lequel les médecins réagissent en se crispant. Pourquoi sont-ils agacés ? Car on a mal posé le problème. Je suis pour la délégation, mais je ne veux pas rester à 25 euros pour autant. »

Son successeur à la CSMF, Franck Devulder, défend lui aussi « une nécessaire hiérarchisation des consultations en fonction de leur complexité. Si demain, un jeune de 25 ans va voir un médecin pour la première fois, cette consultation sera longue, car elle prend en charge tous les antécédents médicaux de ce patient. Elle doit être valorisée. De même, concernant la consultation de prévention que nous souhaitons depuis longtemps : si elle ne durait que 20 minutes, je me dirais que ma vie ne vaut pas cher. »

Christian Vedrenne fait partie des professionnels les plus heureux d'exercer que nous ayons rencontrés. Mais de temps en temps, dit-il, il faut « pousser quelques coups de gueule. Ce que demande la CSMF depuis des lustres, c'est une hiérarchisation des actes. Quand vous diagnostiquez une bronchite virale, c'est 10 minutes, mais quand le patient est diabétique, il faut 30 à 45 minutes pour tout faire, donc à 25 euros, ce n'est pas possible. On demande la possibilité d'avoir une consultation à 60 euros, dans certains cas précis. Sinon, que va-t-il se passer ? Certains confrères vont refuser de prendre en charge les maladies chroniques. »

En effet, si l'on est rémunéré à la consultation, sans corrélation avec la durée de cette consultation, on peut être tenté de « faire de l'abattage », de réduire la durée de chaque acte pour augmenter le chiffre d'affaires, et même d'écarter les patients les plus « chronophages ».

À l'Ordre des kinésithérapeutes, Pascale Mathieu rappelle qu'une séance de kiné « est censée tenir sur 30 minutes, pas plus. Mais moi, je fais beaucoup de neurologie. Quand un enfant atteint de paralysie cérébrale arrive corseté, il faut déjà 10 minutes pour le déshabiller. Et je ne peux pas rééduquer une personne atteinte de sclérose en plaques en 30 minutes, il faut au moins une heure. »

> « *Si l'on est rémunéré à la consultation, sans corrélation avec la durée de cette consultation, on peut être tenté de faire de l'abattage.* »

## La non-fongibilité des enveloppes, un obstacle à la réorganisation de l'offre de soins

Comme on l'a vu, deux mondes essaient de travailler ensemble avec leurs règles propres et doivent partager le gâteau des financements. Cela s'appelle la non-fongibilité des enveloppes. Pas très digeste comme expression… et elle est lourde de conséquences.

Pour faire simple, l'Ondam est découpé en plusieurs enveloppes, dont une pour la ville et une pour l'hôpital. Et pour les hôpitaux, il y a un autre découpage entre établissements publics et privés en fonction des missions confiées aux uns et aux autres. Les établissements publics, et en particulier les CHU, ont en plus des soins, des missions d'enseignement et de recherche.

Alors maintenant, imaginez ce qui peut se passer dans une région quand il faut fermer un hôpital et ce faisant, redonner des moyens à la ville pour compenser. On pourrait penser que c'est poche droite, poche gauche. Eh bien, non. L'ARS ne peut pas fusionner les enveloppes. L'épaisseur des enveloppes décidée au niveau national se retrouve au niveau régional.

De plus, l'ARS n'a que très peu de marge de manœuvre, à l'exception du Fonds d'intervention régional (FIR). En 2022, le montant total des crédits délégués aux agences régionales de santé (ARS) au titre du FIR s'élève à environ 4,5 milliards d'euros, soit moins… de 2 % de l'Ondam. Il n'y a de fait pas de délégation budgétaire pour les ARS : dans ces conditions, la décentralisation est pour le moins limitée !

## 12 % du PIB, pour quels résultats ?

Après le mécanisme de financement, intéressons-nous au niveau de financement de la santé. Pas de miracle à attendre, il n'y a pas de façon idéale de définir quel est le bon niveau de richesse consacré à la santé des citoyens. On peut simplement constater les résultats *a posteriori* selon des indicateurs. Ces derniers relèvent de choix politiques et de société.

Il y a d'abord le poids des dépenses de santé dans la richesse nationale mesurée par le PIB. En 2020, la France se situait autour de 12 % du PIB, soit un niveau à peu près équivalent à celui de l'Allemagne, tandis que les États-Unis étaient à 16,8 %. C'est un indicateur qui ne tient pas compte du nombre d'habitants, même s'il est corrélé à la richesse nationale, pas plus que leur âge moyen qui influe sur les besoins en santé.

Un autre indicateur est celui du niveau de dépenses par habitant. Selon l'OCDE, en 2019, les États-Unis au premier rang dépensaient en moyenne 10 948 dollars par an par habitant. L'Allemagne en dépensait 6 518 (4e rang), soit 23 % de plus que la France avec 5 274 (12e rang).

Bien sûr, il y a un biais possible. Celui du coût de production des soins qui peut être plus élevé d'un pays à l'autre en fonction du niveau des salaires, du niveau d'investissement ou du nombre de structures de soins sur le territoire. Mais c'est un indicateur indirect de la richesse par habitant qui peut être consacrée à la santé.

On se rend compte que même si la population allemande est plus âgée que celle de la France, elle dépense quand même beaucoup plus et là, même si c'est difficile à admettre, il y a un effet richesse. Chaque

Allemand est environ 15 % plus riche que chaque Français et peut se permettre de consacrer plus de moyens à sa santé. Autrement dit, nous ne pouvons pas vivre au-dessus de nos moyens.

Un bon indicateur, d'autant plus intéressant qu'il n'est pas exclusivement financier, est l'espérance de vie en bonne santé après 65 ans.

Cet indicateur a d'ailleurs été beaucoup cité dans les débats sur la réforme des retraites début 2023. Il permet d'évaluer l'efficacité du système avec un bémol toutefois : le système de santé n'est pas le seul contributeur à la bonne ou mauvaise santé des citoyens, loin de là.

> « *Chaque Allemand est environ 15 % plus riche que chaque Français et peut se permettre de consacrer plus de moyens à sa santé. Autrement dit, nous ne pouvons pas vivre au-dessus de nos moyens.* »

Néanmoins, dans son étude de 2021 sur 25 pays, l'OCDE classe sur le critère d'espérance de vie en bonne santé après 65 ans la France au 7e rang pour les femmes et au 11e rang pour les hommes. L'Allemagne sort au 4e rang (6e pour les hommes).

Concrètement, selon la Direction de la recherche, des études, de l'évaluation et des statistiques (DREES) qui utilise des données de 2021, après 65 ans, il reste entre onze et treize années en bonne santé en moyenne. Il demeure difficile de conclure que ce sont les moyens supplémentaires que consacre l'Allemagne qui sont à l'origine de ce meilleur classement. On peut raisonnablement penser qu'au regard des dépenses par habitant (12e), la France tient son rang avec une espérance de vie en bonne santé à la hauteur de son investissement.

## Bien, mais peut – certainement – mieux faire

Le principal inconvénient de tous ces indicateurs est de moyenner : ils ne reflètent pas les difficultés de certaines populations. En particulier celles qui sont éloignées de l'offre de soins par la distance (dans les zones rurales) ou par leur niveau socio-économique.

Cette situation crée ce que l'on appelle des écarts aux soins, c'est-à-dire que ces populations ne suivent pas les recommandations en termes d'examens ou de consultations, parce qu'elles ne le peuvent pas ou ne le savent pas. C'est particulièrement le cas pour les patients diabétiques qui se retrouvent en grande partie dans les catégories les moins favorisées et ne font pas réaliser régulièrement un fond d'œil. Il en résulte une perte de chances pour les patients qui se trouvent dans ces situations.

À ce sujet, le député PS Guillaume Garot propose la création d'un indicateur territorial de l'offre de soins. « Toutes les données existent, mais il faut se donner la peine de les croiser : implantation et typologie des soignants, données démographiques et sociales. C'est ainsi que nous pourrons adapter l'offre de soins à la problématique réelle des bassins de vie. Cet indicateur est très important : il nous donnera une bonne photographie des besoins du pays, déclinés à l'échelon régional. »

> *« Toutes les données existent, mais il faut se donner la peine de les croiser : implantation et typologie des soignants, données démographiques et sociales. »*
>
> Guillaume Garot

## ARS : la réforme inachevée

Au sujet des régions, justement. Le régulateur ou plutôt les deux régulateurs (DGOS et Cnam) ont la responsabilité de réguler l'offre de soins sur le territoire. Ils sont épaulés par les agences régionales de santé (ARS) qui sont les représentantes des tutelles en région. Elles ont un rôle de régulation de l'activité des établissements de soins et des professionnels de santé libéraux.

Les agences régionales de santé ont été créées par la loi Hôpital, Patients, Santé et Territoires (HPST) de 2009. Certains avaient qualifié cette réforme d'incomplète ou d'inachevée, car autant elle simplifie la gouvernance au niveau de la région, autant elle ne touche pas à la régulation à deux têtes au niveau national.

L'ARS a pour mission, ce n'est pas la seule, de réguler l'offre de soins au niveau de la région et donc d'en redéployer les moyens. Autant les Français sont conscients de la présence de déserts médicaux et donc d'une sous-offre, autant ils ne le sont pas toujours d'une suroffre dans certains territoires.

Il y a par exemple trop de médecins sur le pourtour méditerranéen et on le comprend aisément. De même, dans certaines villes, il existe une offre trop importante de chirurgie. L'ARS est donc amenée à fermer des établissements ou même à en ouvrir.

Cette régulation se heurte à plusieurs problèmes. L'ARS ne peut pas intervenir sur l'installation des médecins qui est libre. Pour l'instant, et même si certains présidents de la République en ont eu l'intention, il n'y a pas eu de volonté politique assumée de restreindre la liberté d'installation. Une proposition de loi portée par un groupe transpartisan pourrait remettre le sujet sur la table en 2023 ou 2024 (voir page 75 « Faut-il réguler l'installation des médecins ? »).

L'autre difficulté concerne la fermeture d'activités de soins dans des établissements, qu'ils soient publics ou privés. L'ARS prend des décisions de fermer pour des raisons légitimes, par exemple lorsque l'activité est trop faible en chirurgie ou en maternité. En effet, il existe un lien entre le volume d'activité et la qualité des soins. Si le volume est trop faible, la qualité se dégrade, ce qui présente un risque pour les patients. La fermeture en tant que telle est souvent très mal perçue, car il y a un sentiment d'abandon de la population. L'hôpital peut aussi assurer une permanence de soins. L'ARS n'a pas toujours la possibilité de « compenser » la fermeture par une permanence réalisée par la médecine de ville. Elle peut favoriser la création de maisons de santé pluriprofessionnelles (MSP), mais c'est peine perdue s'il n'y a pas de professionnels de santé pour s'y installer.

Les maires siégeant dans leur conseil de surveillance, la décision de fermeture des hôpitaux est souvent rendue difficile. On comprend que le maire ne la voie pas d'un bon œil, car elle peut être perçue comme un échec politique avec un impact sur l'offre de soins, mais également sur l'emploi. Il n'est pas rare de voir les politiques demander la tête d'un directeur d'ARS considéré comme trop zélé. Si effectivement un élu, avec un poids politique certain, peut décrocher son téléphone et faire ce type de demande au ministre de la Santé, on peut s'interroger sur la possibilité de réformer.

La politique est partout et tout est politique, dit-on souvent. Elle est également présente au sein des hôpitaux publics. Le directeur ou la directrice de l'établissement, qui rend des comptes à sa tutelle, l'ARS, doit composer avec l'ensemble des personnels, administratifs, soignants et surtout médicaux. Ces derniers sont représentés par la commission médicale d'établissement (CME) pensée comme un contre-pouvoir au « pouvoir » administratif. Même si le principe peut paraître sain, il peut s'avérer être un facteur de blocage dans les décisions. En effet, le ou la présidente de la CME est élue par ses pairs médecins. Le fait d'être élu peut biaiser les décisions pour plaire ou ne pas déplaire aux autres médecins. On ne peut pas poursuivre deux objectifs, transformer l'hôpital et plaire à tout le monde. Un ancien haut fonctionnaire est plus radical : « Il faut relever aussi un probable manque de compétences : l'AP-HP est le seul grand hôpital mondial où 70 % du comité exécutif est non médical. Comment un directeur d'établissement peut-il conduire un hôpital sans être médecin ? Les patients ne vont pas à l'hôpital pour son directeur, ils viennent pour les soignants qui y travaillent. »

Enfin, pour finir sur le chapitre politique, il est nécessaire de parler des corps intermédiaires que représentent les professionnels de santé. À l'image des syndicats, ils font le lien entre l'État et les citoyens français. Les médecins sont historiquement bien représentés au Parlement et ont donc le pouvoir de légiférer ou d'influencer les lois selon leurs convictions, naturellement, ou leurs intérêts. C'est un autre aspect de la prééminence du médical quand il s'agit de penser le système de santé. Prééminence qui est dénoncée par les autres professions, sages-femmes et infirmières pour commencer. Quand ces sujets sont abordés avec les différents représentants, ordres ou syndicats, on marche sur des œufs, car le procès en « patriarcat » ou en corporatisme n'est pas loin. Paradoxalement, la profession médicale est maintenant très féminisée, mais les réflexes anciens semblent demeurer. L'un de nos interviewés relève en effet : « Il y a des femmes dans mon hôpital qui ont bien digéré le discours patriarcal et font preuve du même sexisme que les hommes. »

Dans l'autre sens, les professions de santé qui côtoient au quotidien des millions de patients peuvent influencer leurs choix politiques. Un corps composé de presque 1,5 million de personnes, dont plus de la moitié d'infirmiers, peut faire ou défaire une élection. Et de cela, les politiques en sont très conscients. D'ailleurs, les négociations conventionnelles qui devaient avoir lieu en 2022 pour renouveler la convention médicale 2016-2021 ont été décalées d'un an pour ne pas interférer avec… les élections présidentielles. Patrick Chamboredon, président de l'Ordre des infirmiers, émet comme un avertissement : « Nos études sont courtes et à 85 % féminisées : la profession tire vers le haut toute une partie de la population. Nous sommes un facteur d'intégration sociale. Laisser un corps social de 630 000 professionnels à l'abandon, c'est parfaitement inconscient. »

> *« Les professions de santé qui côtoient au quotidien des millions de patients peuvent influencer leurs choix politiques. »*

## Il manque un horizon

Quand certains estiment que les décisions de régulation sont trop politisées, d'autres relèvent au contraire qu'au niveau national, on manque de vision et réclament qu'on leur donne un cap.

C'est le cas de Jean-Paul Ortiz, ancien président de la CSMF. « On ne peut pas tolérer qu'il y ait 600 000 patients en ALD (affection de longue durée) sans médecin traitant. À ce niveau, ce n'est plus de la poussière sous le tapis. Comment construit-on une réponse ? Il ne suffira pas de dire aux médecins de prendre en charge davantage de patients. Quand j'entends le président de la République annoncer le remboursement des capotes pour les gamins, ça me met en colère… Ce n'est pas son boulot ! Nous, on veut sa vision à 10 ou 15 ans : à quoi ressemblera l'hôpital ? Sera-t-il 100 % ambulatoire ? Et la médecine de ville ? Comment gère-t-on le vieillissement de la population ? Quelle place pour les outils numériques ? Et ainsi de suite… Prescrire des préservatifs, ça va bien : on sait le faire. »

> *« Quand j'entends le président de la République annoncer le remboursement des capotes pour les gamins, ça me met en colère… Ce n'est pas son boulot ! Nous, on veut sa vision à 10 ou 15 ans. »*
>
> Jean-Paul Ortiz

« On n'a pas d'organisation et on n'a pas de stratégie. » Plusieurs de nos interviewés se rejoignent sur ce constat. « Le ministère vous dira que ce n'est pas à lui d'avoir la vision. Ah bon ? Aux États-Unis, ils sont plus libéraux que nous, et pourtant ils ont mille collaborateurs qui réfléchissent au sujet. Chez nous, on essaie de résoudre un problème systémique par une approche purement matérielle. Regardez les chiffres de l'OCDE sur le personnel et les moyens alloués à l'hôpital français et vous verrez qu'il est l'un des mieux dotés du monde. Nous sommes face à une crise où tout le monde dit qu'on manque de moyens. Alors que nous avons beaucoup de moyens. Et on y répond comment ? En augmentant les moyens. »

« Il est également très difficile de trouver la réponse à cette question toute simple : quel service on rémunère ? Quel service on achète ? "Ce qu'on devrait acheter, c'est la qualité de la prise en charge des patients, tout simplement", estiment-ils. On crée des dispositifs dans le cadre de plans Alzheimer, de plans ceci, de plans cela… Mais il n'y a pas de vision globale. »

> *Nous sommes face à une crise où tout le monde dit qu'on manque de moyens. Alors que nous avons beaucoup de moyens. Et on y répond comment ? En augmentant les moyens.*

Un médecin généraliste s'interroge aussi sur le réel pouvoir du ministre quand il lui donne des assurances sur telle ou telle mesure. La tâche du ministre n'est malheureusement pas simple. Il est régulièrement à la merci de l'histoire tragique de tel ou tel patient que ses détracteurs vont instrumentaliser pour mettre à bas sa dernière proposition de réforme.

L'un de nos interviewés appelle de ses vœux une plus grande focalisation du ministère sur le sujet de la santé : « Déjà, il faut un ministre de la Santé qui ne s'occupe que de la Santé. Réorganiser le ministère donc, car aujourd'hui ils s'occupent d'autre chose, à commencer par la direction de la Sécurité sociale. Les trois quarts de leur travail sont hors santé. Donc, ça c'est indispensable, à un point incroyable. Ensuite, il faut faciliter la circulation entre le ministère de la Santé et le reste du monde. C'est un des plus fermés. Ils ont très peur des liens d'intérêt. »

Il va même plus loin, jusqu'à proposer « d'imiter les États-Unis et de remplacer les hauts fonctionnaires à chaque nouvelle mandature ».

En effet, l'administration est pérenne et n'est pas soumise aux aléas politiques, ce qui d'un côté peut garantir une continuité dans les actions. Mais quand il faut transformer, radicalement ? C'est le sujet de la courroie de transmission, de l'État profond et de sa capacité à mettre en œuvre les politiques de santé.

## Fabrique de la Santé : trois mesures radicales

D'autres propositions émergent de la Fabrique de la Santé, un *think tank* fondé par Christophe Jacquinet (ex-DG de deux ARS), Mathias Wargon (chef du service des urgences du centre hospitalier de Saint-Denis) et Guillaume Wasmer (ancien délégué régional de la Fédération hospitalière de France d'Île-de-France).

Selon Christophe Jacquinet, il nous faut prendre conscience que depuis 20 ans, la richesse par habitant diminue, tout en nous efforçant de maintenir un système solidaire. « On ne peut pas vivre au-dessus de nos moyens. Et on peut difficilement lever plus d'impôts. Pour préserver notre système de santé solidaire, il faut donc être plus malin dans l'organisation des parcours de soins et dans la gestion budgétaire. »

La Fabrique a quelques propositions à faire. « Avant de proposer de nouveaux dispositifs en termes d'organisation, il faut avant tout débarrasser le système de santé de ses trois gangrènes, explique Christophe Jacquinet. Tant qu'elles seront là, on ne fera rien de bon. Nous sommes déjà au sixième pacte santé et rien ne change – il ne suffira pas de supprimer la T2A. »

> “ *Première « gangrène », la différence de rémunération entre les médecins des hôpitaux publics et ceux du privé.* ”
>
> Christophe Jacquinet

Première « gangrène », donc, la différence de rémunération entre les médecins des hôpitaux publics et ceux du privé. « Vous pouvez faire tout ce que vous voulez, si vous ne vous attaquez pas à ça, vous continuerez de voir des neurochirurgiens s'effondrer parce qu'ils ne peuvent pas opérer de tumeur du cerveau avant six mois, faute d'anesthésistes – j'ai vu ça de mes yeux. On a laissé mourir l'hôpital public et j'en suis révolté. Ce n'est pas exagéré de parler de lâcheté politique. Est-il normal que nos cotisations financent certaines spécialités médicales en cliniques privées rémunérées deux fois plus que les médecins de même spécialité à l'hôpital public, à temps de travail équivalent ? En radiologie, il est très difficile de recruter dans les hôpitaux publics des médecins formés en France. »

Deuxième priorité pour la Fabrique de la Santé, le statut de l'hôpital public. « Il faut l'assouplir. Trouver une solution, en faire une fondation par exemple, pour lui redonner de l'air. Quand vous êtes directeur général d'un CHU, il y a de quoi craquer. Vous êtes engoncé dans un carcan de contraintes, vous ne pouvez pratiquement rien faire. »

Les trois fondateurs de la Fabrique de la Santé s'attendent à ce qu'on leur reproche de vouloir privatiser l'hôpital public ; c'est pourtant exactement le contraire qu'ils appellent de leurs vœux : le déréguler pour mieux le protéger. « Nos propositions sont volontairement simples et radicales. Au regard de la gravité de la situation, un énième replâtrage ne suffira pas. »

> *« Notre proposition, ce n'est pas de forcer les jeunes médecins à s'installer dans la Creuse, c'est de les empêcher de venir grossir les rangs des confrères sur la Côte d'Azur quand il y a des besoins prioritaires ailleurs. »*
>
> Christophe Jacquinet

Troisième et dernier problème auquel ils souhaitent s'attaquer : l'absence de régulation pour l'installation des médecins, généralistes et spécialistes. « Au rythme actuel, dans cinq ans, 20 % de la population française n'aura plus accès à un médecin généraliste. Je sais que les libéraux vont s'y opposer, mais à un moment, on n'a pas d'autre choix que de dire stop. Il faut absolument éviter une rupture de confiance entre les médecins libéraux et la population. Les médecins libéraux ont conscience de ce risque majeur aussi. Cessons d'ouvrir des cabinets dans des zones déjà surdotées par rapport à des territoires très nettement sous-dotés. L'objectif est de corriger des écarts de densité de médecins inacceptables dans un système national solidaire. Notre proposition, ce n'est pas de forcer les jeunes médecins à s'installer dans la Creuse, c'est de les empêcher de venir grossir les rangs des confrères sur la Côte d'Azur quand il y a des besoins prioritaires ailleurs. Et cela vaut pour les spécialistes aussi. On a bien régulé l'installation des infirmiers et des kinésithérapeutes, comme pour les pharmaciens en 2010 : pourquoi faire deux poids, deux mesures ? Actuellement, on paie des gens brillants afin de trouver des solutions sophistiquées pour contourner ce problème finalement simple des déserts médicaux. Ce sujet est très grave, car il en va de la cohésion nationale. »

## Faut-il réguler l'installation des médecins ?

Guillaume Garot, député PS de Mayenne, ancien maire de Laval et ancien ministre délégué à l'Agroalimentaire dans les deux gouvernements de Jean-Marc Ayrault, plaide en faveur de la régulation de l'installation des médecins (les généralistes comme les spécialistes) : un brûlot politique.

En février 2023, sa proposition avait déjà été signée par 203 députés issus de neuf groupes parlementaires différents, demandant qu'elle soit débattue et votée à l'Assemblée nationale.

« Nous faisons face à beaucoup de contestation, explique-t-il. Mais c'est mon combat depuis 2016. J'étais déjà confronté à la désertification médicale dans mon département et d'autres territoires, et je considère que c'est une vraie question qui se pose à la République. »

« Quand le désert médical avance, c'est la République qui recule, poursuit-il. Car le sentiment d'abandon grandit chez les Français. C'est comme ça qu'il faut poser le problème, c'est pour cela qu'il faut défendre les services publics. Freiner l'accès aux soins nourrit un sentiment de révolte et de colère. Les votes se tournent alors vers l'extrême droite, que nous n'avons pas voulu associer à notre proposition de loi : quand on est soignant, on ne commence pas par demander la carte d'identité du patient. »

> *« Quand le désert médical avance, c'est la République qui recule. »*
>
> Guillaume Garot

Depuis 2016, la proposition de loi Garot a évolué. D'abord centrée sur le « conventionnement sélectif », c'est-à-dire le résultat d'une négociation entre l'Assurance Maladie et les médecins, elle favorise désormais une stratégie d'autorisations.

« Avec le conventionnement sélectif, l'idée était de laisser les médecins s'installer où ils le souhaitaient, mais sans les conventionner s'ils choisissaient une zone déjà surdotée. Leurs patients ne pouvaient donc pas être remboursés par la Sécurité sociale, ce qui nous semblait logique. Mais c'est devenu un chiffon rouge. Aujourd'hui, nous proposons qu'une autorisation d'installation soit donnée (ou pas) par l'État : les ARS en particulier, et non plus par l'Assurance Maladie. »

Le principe est simple : que l'on soit généraliste ou spécialiste, on n'obtient plus d'autorisation de s'installer dans une zone sur laquelle l'offre de soins est déjà suffisante, sauf si un confrère est sur le point de prendre sa retraite. « Nous faisons porter la responsabilité sur le régulateur plutôt que sur l'assureur, reprend Guillaume Garot. Il y a eu la même bataille pour les kinésithérapeutes et pour les pharmaciens, bien avant. On nous oppose souvent qu'il n'y a pas de zones surdotées : la France ne serait qu'un seul grand désert médical. Mais les chiffres sont saisissants et les cartes montrent bien les inégalités en matière d'accès aux soins. »

« Avec notre proposition, nous respectons l'exercice libéral au sens traditionnel du terme, dans un encadrement, conclut le député. Ce n'est pas une nomination ici ou là, comme pour les enseignants. Nous respectons la liberté d'installation, mais nous l'encadrons en fonction de l'intérêt général. Ce principe fonctionne très bien en Allemagne, depuis plus de dix ans. Cela n'a pas découragé les vocations ! Même chose en Autriche et au Canada, où les règles sont plus strictes encore. Chez nous, toutes les mesures d'incitation possibles ont été tentées (financement des maisons de santé, etc.). Sans régulation, on est sûrs d'une chose : on n'aura jamais de solution à apporter aux déserts médicaux. À un moment, il faut attaquer le problème à la racine. »

## La loi Rist bouscule l'ordre établi

Pour améliorer l'accès aux soins, l'une des pistes est d'élargir les compétences de certains professionnels de santé. Après des débats tumultueux, en février 2023, le Parlement a voté en première lecture l'accès direct aux infirmiers en pratique avancée (IPA), masseurs-kinésithérapeutes et orthophonistes, dans le cadre d'un exercice de soins, coordonnés par un médecin, ainsi que la possibilité de réaliser des primo-prescriptions à prescriptions médicales obligatoires, encadrées par des décrets.

> *En février 2023, le Parlement a voté en première lecture l'accès direct aux infirmiers en pratique avancée (IPA), masseurs-kinésithérapeutes et orthophonistes, dans le cadre d'un exercice de soins, coordonnés par un médecin.*

Julie Devictor, présidente du Conseil national professionnel des IPA, y est bien sûr très favorable : « Il y a des besoins de santé non pourvus et des professionnels formés bien trop étriqués dans leur cadre d'exercice actuel. Il faut faire davantage confiance à l'ensemble des professionnels, dans le cadre de parcours de soins coordonnés. »

Le texte porté par Stéphanie Rist, médecin rhumatologue, députée Renaissance du Loiret et rapporteure générale de la commission des affaires sociales, a fait couler beaucoup d'encre. Partisane du « partage de compétences », Stéphanie Rist s'est retrouvée d'abord engagée dans une guerre de vocabulaire : vaut-il mieux que les médecins « délèguent » des compétences, les « transfèrent » ou les « partagent » ? Et d'ailleurs, s'agit-il de compétences ou de tâches ?

Il n'est pas certain qu'aux yeux des patients, la distinction soit fondamentale, mais pour les professionnels de santé, elle est clé. Elle fait remonter les peurs les plus anciennes « d'exercice illégal de la médecine » – une hantise sur laquelle est construit tout notre Code de la santé publique. Elle bouscule l'ordre établi et la hiérarchisation entre soignants ; elle interroge les réalités de terrain, de nombreux infirmiers allant déjà (selon les médecins eux-mêmes) au-delà de leur rôle officiel, tellement encadré qu'il en devient illisible.

« Je suis entrée en politique en 2017, explique Stéphanie Rist. J'ai fait mon clinicat à Paris et de retour à Orléans, j'ai été frappée par les difficultés d'accès aux soins, y compris en rhumatologie. J'ai d'abord pris des fonctions administratives, puis je me suis rendu compte qu'il fallait aller plus loin pour faire bouger les choses : d'où la politique. J'ai travaillé dans la commission éducation pour le *numerus clausus*, puis dans la commission des affaires sociales, où j'ai porté une première loi il y a trois ans. J'y proposais la création de professions médicales intermédiaires – ce qui à l'époque avait déjà créé un peu de remue-ménage chez mes confrères médecins. »

« J'avais parlé volontairement de "professions médicales intermédiaires" pour faire évoluer la réflexion, sachant que ce n'était sans doute pas le meilleur terme. On m'avait retourné l'article en question, et demandé un rapport au gouvernement pour pouvoir avancer sur le sujet des pratiques avancées », poursuit-elle.

La députée suscite depuis quelques années la colère d'une partie de ses confrères, mais estimant que la France a « quinze ans de retard par rapport aux autres pays », elle tient à son projet et a réussi en ce début d'année 2023 à donner plus de poids aux infirmiers en pratique avancée, masseurs-kinésithérapeutes et orthophonistes, même s'il reste des axes de progrès (voir ci-dessous « Demain, un véritable partage des tâches ? »).

« Globalement, reprend-elle, j'ai rencontré un désaccord massif des médecins, qui relèvent selon moi de trois catégories : ceux qui considèrent vraiment, profondément, que les malades seront moins bien soignés par d'autres professionnels qu'eux. Vient ensuite un autre tiers qui considère qu'ils vont perdre de l'argent, car dans 10 ans, paraît-il, nous aurons suffisamment de médecins. Le dernier tiers évoque les "officiers de santé" du temps de Flaubert et conserve une vision très pyramidale de l'organisation des soins dans notre pays. Or, mon projet est fondé sur deux valeurs : la confiance et la simplification. »

Pour Stéphanie Rist cependant, « la place du médecin reste centrale. Pas forcément au-dessus, attention ! Mais centrale. Tout cela ne se conçoit que dans le cadre d'un exercice coordonné. Il faut encourager les MSP. Et les CPTS sont fondamentales. L'accélération se fera aussi par le nombre d'IPA. Actuellement, ils sont davantage déployés à l'hôpital, mais on en compte moins de 200 en libéral : beaucoup de médecins de ville ne savent pas de quoi il s'agit. »

Pour accélérer la transition, et favoriser le « *Make It Happen* », Stéphanie Rist propose plusieurs pistes. D'abord, rapprocher les différents corps de métier de la santé dès le moment où ils se forment. « On avait essayé de porter ces sujets dans le projet de la ministre des Solidarités et de la Santé, Agnès Buzyn, "Ma santé 2022" : l'idée était de faire beaucoup plus travailler les étudiants ensemble, de manière à ce qu'ils connaissent les formations des uns et des autres, pour qu'ils se fassent confiance. C'est un très bon moyen de faire évoluer les mentalités et un levier moyen-long terme indispensable. En parallèle, certaines collectivités mettent en place des logements pour les étudiants en médecine : on leur suggère d'ouvrir leurs portes aussi aux infirmiers et aux masseurs-kinésithérapeutes. Car c'est aussi dans la vie quotidienne qu'on apprend à se connaître. »

> *L'accélération se fera aussi par le nombre d'IPA. Actuellement, ils sont davantage déployés à l'hôpital, mais on en compte moins de 200 en libéral : beaucoup de médecins de ville ne savent pas de quoi il s'agit.*
>
> Stéphanie Rist

Parmi les autres leviers d'accélération, « il faut une véritable volonté politique. On voit bien qu'on doit lutter contre une forme de corporatisme. Ma proposition de loi a déclenché des réactions très violentes, de la haine parfois. J'ai vu passer des messages assez étonnants entre infirmiers et médecins. Il est vrai que le fait de cumuler les discussions autour de la délégation de compétences et les négociations conventionnelles n'était pas très heureux. Nous avons en tant que médecins un vrai enjeu de rémunération au juste prix. 25 euros pour une consultation qui dure parfois 1 h 15, ce n'est pas normal. Mais une infirmière qui se déplace la nuit pour 7 euros, non plus. Rien dans ma proposition de loi n'évoquait les rémunérations. Il vaut mieux commencer par décider de qui peut faire quoi. »

Dernier levier d'accélération : les patients. « Les consommateurs, entre guillemets. C'est important. Je fais référence à l'association 60 millions de consommateurs qui est ultra politisée et qui n'est pas franchement de ma majorité, mais qui a un intérêt à l'accélération de ces mesures – et c'est une bonne chose. Les patients eux sont les vrais leviers pour faire avancer tout ça. »

## Demain, un véritable partage des tâches ?

Les pharmaciens, les kinésithérapeutes, les infirmiers et les sages-femmes sont engagés de longue date dans une lutte pour faire reconnaître leurs compétences sur certains actes et prescriptions médicales supplémentaires. Du côté des pharmaciens d'abord. Un coup d'œil dans le rétroviseur permet d'évaluer à quel point une profession peut évoluer dans le temps. Philippe Besset (FSPF) rappelle ainsi que les pharmaciens d'officine sont passés progressivement du statut de fabricants à celui de distributeurs, au rythme du déploiement de l'industrie pharmaceutique.

« Depuis 2012 en particulier, notre mode de rémunération a changé. Nous ne sommes plus rémunérés en fonction de la marge que nous réalisons sur les ventes de produits, mais grâce à des honoraires de dispensation. Ce virage nous a permis d'entrer dans le Code de la santé publique et de prendre en charge un nombre croissant de missions. Auparavant, nous étions considérés comme un simple maillon de la chaîne du médicament. »

« Cette transformation n'était pas simple, car on a fait bouger tout de même près de 4 milliards d'euros, pour passer d'un système à l'autre. Les réformes systémiques sont très complexes à mener : elles génèrent toujours des gagnants et des perdants. Mais sans celle-ci, huit ans plus tard, nous n'aurions tout simplement pas pu vacciner la population contre le Covid. »

Avant le Covid, il y avait déjà eu la vaccination contre la grippe : « L'adhésion des patients est manifeste ; nous réalisons aujourd'hui plus de la moitié des vaccinations contre la grippe. Nous souhaitons désormais prendre en charge le calendrier général de vaccination des Français (méningite, tétanos, etc.), *via* l'espace numérique de santé. Nous pensons être les mieux placés pour vacciner les Français, à la fois grâce au levier informatique et à notre proximité de terrain : vous venez acheter un shampoing, vous ressortez vacciné. »

Mais d'autres combats attendent les pharmaciens. « J'étais très heureux de l'accord du Clio Santé à l'automne 2022, reprend Philippe Besset. Enfin, un cadre déontologique clair ! On valorise le médecin traitant comme solution optimale, et on prend en compte les cas où il n'y a pas de médecin traitant. Cela me semblait limpide et inattaquable. Mais c'est attaqué tout de même, ce qui me désespère. »

*« Nous pensons être les mieux placés pour vacciner les Français, à la fois grâce au levier informatique et à notre proximité de terrain : vous venez acheter un shampoing, vous ressortez vacciné. »*

Philippe Besset

Le Clio (comité de liaison des institutions ordinales) réunit les sept ordres des professionnels de santé : masseurs-kinésithérapeutes, sages-femmes, médecins, pharmaciens, infirmiers, chirurgiens-dentistes, pédicures-podologues.

À l'heure des débats entre partage, délégation et transfert de compétences, Philippe Besset demande à la fois « une délégation, un partage et une extension » des tâches.

« Pour ce qui est de la délégation, à mon sens, elle doit être à la main du délégant (du médecin) pour garder de la souplesse et s'adapter à son type d'exercice – salarié ou libéral – ainsi qu'aux problématiques territoriales. En revanche, le partage des tâches doit être le plus large possible, pour réussir à tenir les objectifs de santé publique et de prévention. Il faut imaginer des patients-experts, inclure les collectivités locales… Aucune profession ne devrait s'arroger un monopole sur ce sujet qui nous concerne tous. Personnellement, je suis prêt à travailler sur des solutions permettant de mettre à disposition des vaccins pour les autres corps de métier, afin qu'ils soient en mesure de vacciner au gré de leurs consultations. Je suis prêt à partager mon avantage concurrentiel… »

Dernier point, et non des moindres : l'extension des actes autorisés pour les pharmaciens. « Notre champ actuel, c'est la dispensation du médicament. Mais nous avons proposé trois champs supplémentaires à l'Assurance Maladie. D'abord, le renouvellement des prescriptions : il faudra le protocoliser, créer un acte spécifique et bien sûr, prévenir par messagerie sécurisée le médecin traitant. »

Vient ensuite le sujet de certains soins aigus, pour lesquels les pharmaciens n'ont pas le droit de délivrer des médicaments. « Prenons l'exemple de l'infection urinaire. Pratiquement tous les patients connaissent le nom du médicament. Dans l'immense majorité des cas, on a affaire à un problème d'E-coli et une dose unique suffit à régler le problème. Tout le monde le sait, l'arbre décisionnel est carré : c'est blanc ou noir. Mais moi, je ne peux pas vous le donner, car il faut une prescription médicale. Donc si vous arrivez un samedi après-midi, soit vous allez aux Urgences, soit j'ai une guitoune au fond de la pharmacie, avec un médecin belge qui vous fera une ordonnance immédiatement… Dans les deux cas, ce n'est pas optimal. »

Philippe Besset demande la création d'une troisième liste de médicaments, à côté de la liste des médicaments accessibles avec ou sans ordonnance : « On y indiquerait les médicaments que nous avons le droit de délivrer dans certains cas. On partirait ainsi du produit, qui est notre cœur de métier. L'arbre décisionnel serait établi par avance. J'aimerais aussi que nous puissions intervenir sur les ordonnances, pour remplacer un médicament par un autre en cas de pénurie et d'urgence. C'est ce que j'appelle l'extension de la tâche des professionnels… »

> « *Si vous arrivez un samedi après-midi, soit vous allez aux Urgences, soit j'ai une guitoune au fond de la pharmacie, avec un médecin belge qui vous fera une ordonnance immédiatement… Dans les deux cas, ce n'est pas optimal.* »
>
> Philippe Besset

Chez les infirmiers, maintenant. Les revendications sont doubles : étendre le champ de compétences, bien sûr, mais aussi corriger un historique « infantilisant » ; la profession d'infirmier serait la seule à être définie par les actes qu'elle est autorisée à faire.

Les explications de Patrick Chamboredon, président de l'Ordre : « Si vous êtes journaliste, personne ne vous dit que votre métier, c'est d'écrire une introduction, un texte et une conclusion. Nous, on nous décrit comme ça : l'infirmier a le droit de faire un pédiluve, un capiluve. Cela n'existe pour aucun autre métier ! C'est dégradant : peut-on définir une profession de cette manière ? Tout se fait par exception, par défaut, on laisse les infirmiers se construire sur ce que les médecins ne veulent pas faire. Nous exerçons pourtant une profession réglementée par le droit. Il est temps de faire évoluer les textes. Nous sommes en faveur d'un "transfert" des compétences, parce que c'est bien de cela qu'il s'agit. Les six millions de patients sans médecin traitant, les généralistes ne veulent pas les prendre… ni les laisser aux autres. S'il n'y a pas de délégants, on ne pourra pas déléguer ! »

L'Ordre des infirmiers rappelle que c'est aussi ce qui s'est passé durant la crise du Covid – et sans accroc. « La question de la vaccination est arrivée très tôt et nous avons répondu présent. »

« Où est cette fameuse confiance portée par Stéphanie Rist ? reprend Patrick Chamboredon. Elle est foulée aux pieds. On nous oppose l'exercice illégal de la médecine, pour bloquer les choses, car il va couler de l'eau sous les ponts avant que quelqu'un ait le courage de faire des entailles là-dedans. Mais enfin, les infirmiers, sur le terrain, font déjà mille choses pour lesquelles ils ne sont pas reconnus. Le certificat de décès, c'est moi qui le remplis et le médecin appose un coup de tampon. »

> *« Les six millions de patients sans médecin traitant, les généralistes ne veulent pas les prendre… ni les laisser aux autres. S'il n'y a pas de délégants, on ne pourra pas déléguer ! »*
>
> Patrick Chamboredon

« Quand les infirmiers se rendent compte des risques qu'ils prennent d'un point de vue réglementaire, ils s'interrogent, poursuit Patrick Chamboredon. Une jeune infirmière entre dans le métier, elle a fait trois ans d'études, gagne 1 600 euros et elle a la responsabilité d'un couloir avec cinq ou dix chambres : elle est obligée d'agir. Même chose en ville : dans la vraie vie, c'est toujours le vendredi soir qu'on reçoit les résultats du labo. C'est pourquoi il faut revoir complètement les textes pour les mettre en accord avec la réalité. »

« Ce qui me fait tenir, conclut Patrick Chamboredon, comme tous les autres, c'est la reconnaissance des patients. Et celle de l'institution, qui quelquefois nous dit qu'elle a besoin de nous. Les patients savent qui les voit H24 et qui assure le SAV… »

Chez les kinésithérapeutes, enfin. Comment vont-ils contribuer à la nécessaire évolution de l'offre de soins sur le territoire français ? Sur le sujet, la profession a les idées claires, mais regrette, en 2023, de passer encore « complètement sous les radars ».

« Nous sortons d'une longue période de négociations conventionnelles, qui ont échoué, commence Pascale Mathieu. L'enveloppe était pourtant considérable : 530 millions d'euros. Quand une profession, après avoir consulté sa base, refuse 530 millions d'euros, alors que nos rémunérations stagnent, voire baissent depuis 2014, il faut se demander comment on est arrivés à une telle situation de blocage. »

« Je crains qu'on ne se soit pas posé les bonnes questions. On imagine des kinésithérapeutes capricieux, qui en veulent toujours plus. Mais nous, nous avons mené un travail avec l'Université de Bourgogne-Franche-Comté et le professeur Truchot, spécialisé dans l'analyse des risques psychosociaux. On y lit un profond mal-être dans la profession – et cela date d'avant la crise du Covid. »

« Les stresseurs sont multiples, poursuit Pascale Mathieu, à commencer par les relations avec les prescripteurs, car nous sommes une profession prescrite. Les salariés parlent d'une perte de sens avec une non-identification de ce que font les kinésithérapeutes dans les services. Ils se sentent un peu en dehors de l'équipe et ils sont trop peu nombreux : ils sont obligés de prioriser, de trier les patients, ce qui génère une grande souffrance. Le mot n'est pas trop fort. Notre profession ne va pas bien, alors même qu'elle n'a jamais été aussi populaire auprès des Français. »

Pourtant, les étudiants se pressent aux portes des écoles, contrairement à ce qui se produit chez les pharmaciens et les infirmiers. « Chez nous, les instituts de formation débordent, à tel point que la moitié de nos nouveaux inscrits au tableau chaque année sont diplômés d'un autre pays que la France. On n'a pas d'abandons en cours d'études ou quasiment pas. Il n'y a pas non plus la maltraitance des études d'infirmières. C'est une profession jeune, féminisée, paritaire : les femmes sont un peu plus nombreuses, explique Pascale Mathieu. Les médecins n'ont pas l'impression de nous déléguer des actes qu'ils feraient habituellement. Ils n'ont pas la même vision hiérarchique qu'avec les infirmières. »

Mais les kinésithérapeutes demandent des gages, car « aucune loi de santé, jamais, n'a évoqué la kinésithérapie. On a parlé des sages-femmes (un peu) récemment, on évoque beaucoup les pharmaciens et infirmiers, mais nous sommes hors des radars des politiques publiques. Au sens large, en réalité, c'est toute la rééducation qui est négligée : l'orthophonie, c'est pareil. »

Pascale Mathieu explique aux pouvoirs publics « qu'il ne faut pas voir la kinésithérapie comme une charge, mais comme un investissement pour la santé. Par exemple, la lombalgie est l'un des premiers TMS (troubles musculo-squelettiques). Nos études internationales montrent qu'avec la prise en charge d'une lombalgie directement chez le kinésithérapeute, vous diminuez le nombre de prescriptions de radiologie, le nombre de jours d'arrêt de travail, la prescription d'antalgiques et d'anti-inflammatoires, et enfin le risque de chronicisation. Vous avez là un levier majeur d'économie, mais comme on regarde seulement les dépenses et les recettes, on n'a pas de sources. Une étude AP-HP montre aussi que le manque de kinésithérapeutes en gériatrie fait augmenter grandement les durées de séjour en hôpital. »

Selon Pascale Mathieu, la question pourrait être posée en ces termes : quelle est l'enveloppe de soins de ville et hospitalière qu'on veut bien consacrer à la rééducation ?

« L'OMS a déclaré la rééducation comme une priorité pour tous les pays, poursuit-elle. C'est indispensable pour bien vieillir. Moi, je suis très choquée qu'on ne se pose pas de questions sur les tarifs des téléconsultations, surtout en cabine ou sur des plateformes Internet de type Livi, avec une consommation effrénée, mais qu'on s'interroge sur l'utilité de nos métiers. La perte de sens des kinésithérapeutes vient d'un manque de reconnaissance de leur rôle sociétal majeur. Dans notre discipline, on travaille avec tous types de médecins : neurologues, urologues, ORL, rhumatologues, gériatres, pédiatres, chirurgiens orthopédistes, obstétriciens… Mais ça n'arrive toujours pas dans les ministères, pourquoi ? »

La réponse semble évidente : « Qui travaille dans les administrations centrales : des rééducateurs ? Non. En trouve-t-on à l'HAS ? Non plus. Il n'y a aucune instance dans laquelle la rééducation au sens large est représentée, aucune. Ce n'est pas un choix par mépris. C'est juste qu'on ne nous voit pas. Le prisme est médico-centré. Mais nous, on rencontre plus de deux millions de personnes par jour. Nous pourrions jouer un rôle beaucoup plus important. »

« Qui mieux qu'un Ordre peut réfléchir au système de santé ? J'avais demandé une concertation des Ordres en 2015, j'ai obtenu un refus catégorique de l'Ordre des médecins. J'ai reposé la question en 2019 et un médecin m'a dit : mais non, dans 5 ans ça ira mieux et dans 10 ans, ça ira bien. Moi, je leur réponds que la population vieillit et qu'ils peuvent s'installer où ils veulent : il y aura toujours un problème d'accès aux soins. Aujourd'hui, avec le nouveau président de l'Ordre, j'ai une oreille attentive. On ne peut pas laisser 600 000 patients porteurs d'ALD sans médecin traitant. Les discussions autour du partage de compétences sont très difficiles, mais je suis optimiste, car chez les jeunes généralistes, on voit une véritable fracture, ils disent qu'on ne peut pas continuer comme ça, qu'ils ne peuvent pas tout garder. »

Pascale Mathieu se dit très radicale : « À un moment, les replâtrages, ça ne marche plus. Il faut tout remettre à plat. Il faut rééquilibrer les relations, car il y a de la défiance des deux côtés. Nous avons des professionnels de santé : définissons-les par des missions de santé publique, pas par des actes. Je comprends bien que certains médecins ne sachent plus où se situer. Mais il faut un schéma construit, avec tout le monde autour de la table. Pour le moment, on donne la vaccination aux uns, la contraception aux autres… Je crois qu'il est temps de se rassembler ; et je crois que la majorité silencieuse est très intéressante à écouter, plutôt que de s'attarder sur les positions extrêmes. »

> *« À un moment, les replâtrages, ça ne marche plus. Il faut tout remettre à plat. Il faut rééquilibrer les relations, car il y a de la défiance des deux côtés. Nous avons des professionnels de santé : définissons-les par des missions de santé publique, pas par des actes. »*
>
> Pascale Mathieu

## Le risque de financiarisation

Dernier point, avec un nuage qui semble grossir à l'horizon : celui de la financiarisation progressive de notre système de santé. « À Reims, raconte par exemple Franck Devulder (CSMF), je connais un cabinet de quatre médecins, auquel un groupe d'hôpitaux privés a fait une proposition de rachat des murs pour... cinquante millions d'euros. Cinquante millions ! Il faut dire qu'en santé, on peut investir sans prendre aucun risque financier. Au 1er janvier, on connaît déjà la croissance annuelle : ça s'appelle l'Ondam ! Le système français solvabilise tous les acteurs. Quand vous avez un acteur financier de premier plan qui vient vous racheter, à des niveaux de prix qui peuvent faire perdre la tête même aux plus vertueux, cela veut dire qu'il existe un vrai sujet d'indépendance nationale. »

« Si vous êtes repris par un groupe comme ceux-là, reprend-il, évidemment votre bas de bilan s'améliore. Mais ils n'investissent plus beaucoup, là où hier vous réinvestissiez presque tout dans l'outil de travail. Il nous faut des règles pour éviter ce type de dérive. Et pourtant, je ne suis pas de ceux qui disent qu'il faut mettre les fonds dehors. Je pense qu'il y a une voie de passage : les professionnels de santé pourraient monter au capital de ces sociétés-là. »

Dans un hôpital du Midi, un manipulateur radio fait un constat du même ordre. « Nous avons vu des médecins radiologues quitter l'hôpital pour rejoindre un cabinet de radiologie privé. Ils sont salariés. Résultat : on les envoie en mission à l'autre bout de la région. Ils deviennent des pions. Dans ces cabinets-là, s'il n'y a pas de spécialiste du genou, ce n'est pas grave : on fait l'examen et on envoie les images à un radiologue à l'autre bout du monde qui les lit au mètre et gagne très bien sa vie, sans jamais voir un patient. »

La santé n'est pas considérée comme un ministère régalien, quand bien même l'État injecte beaucoup d'argent dans le système. Les prises de contrôle, plus ou moins visibles, des établissements de santé posent un problème de santé publique et d'accès aux soins.

Olivier Mercier est aux commandes d'Interfimo, une société de cautionnement mutuel fondée il y a plus de 50 ans par les professions libérales pour répondre à leurs difficultés d'accès au crédit, et dans laquelle LCL est entrée depuis. Professionnels de la santé, du droit (avocats, notaires, huissiers) et du chiffre (experts-comptables, géomètres-experts, architectes, etc.) : Interfimo étudie chaque année 10 000 projets de financement et porte plus de 14 milliards d'euros d'en-cours, dont 70 % en santé.

« Nous sommes donc très vigilants sur l'évolution des conditions d'exercice des professions libérales. Nous relevons des marqueurs de transition, comme l'explosion des maladies chroniques, qui représentent aujourd'hui 140 milliards d'euros sur les 250 milliards du budget de l'Assurance Maladie. Ou encore la transformation numérique, avec le besoin d'équiper les plateaux techniques de matériel sophistiqué coûteux (IRM, scanners, IA...). Autre défi : l'arrivée de normes extrafinancières, liées à la RSE, avec l'objectif de consommer toujours moins d'énergie, de réduire l'empreinte carbone des entreprises. »

« Quand vous êtes face à un marché atomisé, solvabilisé par la puissance publique, voire subventionné, explique Olivier Mercier, chaque petite entreprise a son point mort. La concentration des acteurs peut permettre alors de réaliser des économies d'échelle. Nous entrons ainsi dans une logique industrielle, où l'on pousse les praticiens à se regrouper pour réduire l'enveloppe de fonctionnement. »

« Il en allait de même pour la Politique agricole commune (PAC) : plus les exploitations grandissaient, plus leur point mort d'activité était bas et plus les aides européennes pouvaient diminuer au fur et à mesure de cette amélioration de la rentabilité. »

« Mais avec l'augmentation de la taille des cabinets, les nouveaux arrivants, même s'ils peuvent investir 200 000 ou 500 000 euros, prennent finalement une part réduite du capital. C'est un problème de gouvernance qui se dessine. Clémenceau disait : il faut être un nombre impair de personnes pour prendre une décision, mais trois c'est déjà trop. »

Quand un établissement de santé parvient à un excédent brut d'exploitation (EBE) important, il a besoin aussi d'investir massivement pour nourrir sa croissance. Trois solutions : l'autofinancement, la dette bancaire ou la dette par les associés.

> “ *Nous entrons ainsi dans une logique industrielle, où l'on pousse les praticiens à se regrouper pour réduire l'enveloppe de fonctionnement.* ”
>
> Olivier Mercier

« Aujourd'hui, la santé intéresse les investisseurs. Pourquoi ? Tout simplement parce qu'on ne voit pas arriver la moindre jugulation des dépenses. L'Ondam n'est pas un budget ni une enveloppe, c'est une orientation. Les dépenses de santé accélèrent plus vite que la richesse créée par le pays. L'absence d'avance par le patient (grâce au tiers payant) fait que ce sont des activités à BFR (besoin en fonds de roulement) négatif. De plus, vous savez que vous aurez au moins une progression de chiffre d'affaires équivalente à l'Ondam. Naturellement, tout cela attire les financiers. »

« À travers leur diplôme, leur inscription à l'Ordre, les libéraux reçoivent une délégation de service public et en échange, ils bénéficient de tarifs réglementés. Cela peut devenir perturbant lorsque la gouvernance de ces groupes-là change. Par exemple, le capital de la pharmacie n'est toujours pas ouvert. On nous annonce une ouverture prochaine tous les trois ou quatre ans. Le capital des pharmacies résiste ainsi aux assauts des financiers et fournisseurs depuis 1948... Certains contournent alors l'obstacle *via* des titres hybrides. Et finalement, le pharmacien ne se rend pas compte que le souscripteur est un financier, qui gère aussi de la parapharmacie. Donc petit à petit, on peut imaginer un business dans lequel on expliquera au pharmacien qu'il vaut mieux acheter les médicaments auprès de tel fournisseur, les cosmétiques auprès de tel autre. C'est l'inverse de la fameuse devise des experts-comptables : science, conscience, indépendance. »

Autre manière de contourner la loi, du côté des laboratoires de biologie ou des cabinets de radiologie notamment : s'en tenir aux 25 % du capital, tels que prévus par la réglementation, mais obtenir le pouvoir de « décider du vote », grâce à un jeu de pactes d'associés, d'actions à droits préférentiels.

« En toile de fond, le risque, c'est une quête de rentabilité trop importante, qui pousserait les praticiens en exercice à rationaliser leur outil de production en laissant de côté les missions moins lucratives et en fermant les sites les moins rentables : là, vous créez mécaniquement de nouveaux déserts médicaux. »

## Le doute et l'espoir malgré tout

Face au fonctionnement du système de santé décrit ci-dessus, il y a une question lancinante et un doute que résument bien deux témoins. Pascal Meyvaert, médecin généraliste en Alsace, s'interroge : « La question de la privatisation de la santé, on se la pose tous les jours. Y a-t-il vraiment une volonté politique au plus haut niveau de maintenir notre sécurité sociale, ou pas ? »

Dans la même veine, Christophe Jacquinet questionne : « Veut-on maintenir une égalité d'accès aux soins, ou veut-on que la cohésion sociale explose quand les soins, un besoin primaire, redeviennent pas-à-pas un objet de lutte des classes ? » Si on veut maintenir la solidarité dans l'accès aux soins, il est essentiel de donner à l'hôpital public davantage d'autonomie. « Il ne sera jamais une administration ni une entreprise privée. Il a besoin de flexibilité, de capacité d'initiative. Or, tout dans le système actuel pousse à infantiliser l'ensemble des acteurs hospitaliers publics. »

À écouter ces acteurs, le système de santé s'est transformé en une machine bureaucratique qui infantilise. La politique de santé semble s'être dissoute dans les règlements et tarifs, et dans un processus de décision pyramidal incapable de faire confiance au terrain.

Alors, quelles conditions faut-il réunir pour que le système fasse à nouveau confiance et responsabilise ses professionnels de santé ? Doit-on continuer à faire du micromanagement, sous prétexte qu'il faut maîtriser les dépenses de santé ?

Est-il possible d'inverser la situation, de repartir des objectifs en santé et de regarder ensuite de quelles ressources humaines, techniques et financières nous disposons pour les mettre en œuvre ?

Jean-Paul Ortiz propose une synthèse : « Nos difficultés actuelles sont certainement dues à une sous-dotation financière, mais pour moi ce n'est pas la cause numéro un. Nous avons surtout un dysfonctionnement dans la gouvernance, et ce depuis le plus haut sommet de l'État. Chacun peut avoir ses idées, mais à un moment il faut que le politique nous dise : vous m'avez élu, on va par là. Il nous faut une direction. Le ministère de la Santé, technocratisé, est coupé de la réalité du terrain. Là-bas, personne n'a vu un patient depuis des années. Vous retrouvez exactement la même chose dans les ARS et exactement la même chose dans les directions des hôpitaux. La gouvernance devrait intégrer l'ensemble des acteurs de terrain. »

> « *J'ai tendance à dire : n'attendons pas que ça vienne d'en haut. Ça ne viendra pas d'en haut. Donc on se bouge.* »
>
> Pascal Meyvaert

L'un de nos interviewés abonde : « Il faut définir une stratégie pour la ville. La question est la suivante : dans 15 ans, pas l'année prochaine, à quoi ressemblera un cabinet de médecine de ville généraliste ou un cabinet spécialisé ? Il est important de créer une feuille de route. Ensuite, le gouvernement peut changer, comme dans une entreprise. Même si le patron change, il reste possible d'atteindre ses objectifs. On parle ici de faire bouger un système de 3 millions de personnes : si l'on n'a pas cela en tête, on ne comprend pas sa formidable inertie. »

Dans l'Est, le docteur Meyvaert est conscient du défi et préfère agir : « J'ai tendance à dire : n'attendons pas que ça vienne d'en haut. Ça ne viendra pas d'en haut. Donc on se bouge. »

Dans les pages qui suivent sont présentées des initiatives qui font bouger les lignes.

# 4
# Initiatives de terrain

## *Ils se retroussent les manches : sources d'inspiration*

« On a entre un patient diabétique sur trois et un sur dix, sur une vingtaine de communes, qui ne fait aucun bilan sanguin d'hémoglobine glyquée. Si vous corrélez cela avec le niveau de vie, vous voyez des schémas se dessiner et vous avez une bonne idée de ce qu'il faut faire. »

Jacques Franzoni, CPTS du Grand Valenciennes

« One Health, ce sont les interactions entre la santé humaine, la santé animale et celle des écosystèmes. Il faut qu'on assemble les trois morceaux. On les a longtemps cloisonnés, comme si nous vivions dans trois mondes différents. Or, 70 % des maladies infectieuses humaines sont d'origine animale. »

Patrick Giraudoux, Université de Franche-Comté

**Vers l'approche One Health**

- À Besançon, dans le Doubs : One Health, une évidence encore invisible
- À Gertsheim, dans le Bas-Rhin : « Notre maison brûle » : dans le Grand Est, on ne regarde pas ailleurs

## Travailler en équipe
(la médecine solidaire)

Les maisons de santé pluriprofessionnelles (MSP de leur petit nom) regroupent sur un même site, souvent rural, des professionnels de santé complémentaires : médecin, gynécologue, dentiste, kinésithérapeute, infirmier, aide-soignant, pédicure-podologue… Ces soignants y construisent un projet collectif : la MSP ne se limite pas au partage des locaux ou à l'embauche d'une secrétaire commune. La concertation règne, il s'agit d'apporter une réponse collective aux besoins de la population locale, y compris en termes de prévention. À ce titre, les MSP sont aidées par l'Assurance Maladie et les collectivités locales.

### Initiative n° 1
### À Saint-Paul-de-Fenouillet, dans les Pyrénées-Orientales

**« Casser la hiérarchie entre soignants »**

Comme Gérard Raymond, Christian Vedrenne est un ancien joueur de rugby et comme lui aussi, il se dit un fervent partisan de « l'exercice coordonné ». Récit d'une carrière qui a débuté avec vingt ans d'exercice en solo, avant qu'il ne crée la MSP qui a « changé sa vie ».

« Au départ, je voulais m'installer dans le village où je suis né, à Prades. Mais à l'époque, on m'a dit qu'il y avait trop de médecins : j'ai dû aller voir ailleurs. J'ai trouvé une offre à Maury, un médecin qui revendait sa patientèle. Pendant vingt ans, j'ai travaillé tout seul. Avec mon confrère qui exerçait en face, on ne s'entendait pas super bien, mais on s'arrangeait quand même pour alterner les gardes du week-end et de la nuit. »

En 2006, la situation change. À Saint-Paul-de-Fenouillet, chef-lieu de canton, trois médecins quittent le village quasiment en même temps. Christian et ses confrères des villages alentour s'organisent pour tenir une permanence locale à tour de rôle. C'est là que germe l'idée de la maison de santé.

« J'étais le plus jeune : je me disais que si je devais terminer ma carrière sans eux autour, ça ne passerait pas… Il me fallait une solution. Je me suis renseigné et j'ai réussi à convaincre trois confrères de créer une MSP. »

C'est chose faite en 2012. « Professionnellement, ça a été un renouveau, estime Christian Vedrenne. Je commençais à m'essouffler dans le train-train quotidien. On a commencé à parler de la raréfaction des médecins dans les territoires ruraux autour de 2006-2008. Étant donné qu'en Languedoc-Roussillon, il n'y avait que deux maisons de santé et aucune dans les Pyrénées-Orientales, on avait la cote, auprès des internes notamment. »

## Un groupe soudé

Parmi les moteurs de Christian Vedrenne figurait cette intuition qu'il deviendrait possible, grâce à un exercice coordonné, d'assouplir la traditionnelle hiérarchie entre professionnels de santé : les médecins d'un côté, et les « prescrits » de l'autre (infirmiers, kinés…).

« Effectivement, la MSP a créé un véritable groupe. Elle nous a soudés. Il a fallu aller chercher les politiques locaux pour obtenir des financements publics. Quand vous aimez un peu ça, ça vous remonte. Il y a un côté entrepreneur que l'on ne nous apprend pas à la fac, malheureusement. »

Dans sa pratique quotidienne, Christian découvre le bonheur de « travailler en équipe », mais aussi « de mieux soigner les patients » : « Nous avons plus de facilités dans le dialogue et la communication, et cela se traduit d'après moi dans des actes plus précis et plus efficaces. En fait, depuis longtemps, nous travaillions ensemble… mais ce n'était pas pareil. Fonder la MSP a créé un sentiment d'égalité incroyable. »

C'est ainsi qu'à Saint-Paul-de-Fenouillet, un temps menacé de désertification médicale, on a compté jusqu'à quarante professionnels de santé. Dentiste, psychologue, pédicure-podologue… « On entremêle des professions différentes et il faut se mettre au diapason de tous, notamment grâce à un système d'information partagé. Cela peut être difficile à gérer. Pour le coup, les ACI en 2017 ont changé la donne. C'est plus facile quand vous recevez 100 000 euros par an. » L'ACI est l'accord conventionnel interprofessionnel qui permet aux professionnels de santé qui sont dans une structure polycatégorielle (MSP mono ou multi sites, centre de santé) de pouvoir bénéficier d'une rémunération commune.

## Des formations communes le samedi matin

Mais ici, l'argent est loin d'être la seule clé de succès. La formation, décidée et entreprise en commun, a tissé des liens solides entre soignants. « Par exemple, nous voulions faire de l'éducation thérapeutique pour les patients diabétiques, et pour cela, il nous fallait une formation de 40 heures. Nous avons donc passé de nombreux samedis matin ensemble, à apprendre. C'est comme ça que "la mayonnaise a pris". Nous avons grandi ensemble. Nous nous réunissions aussi le soir, pour mettre sur pied des protocoles de soins à présenter devant les institutions. »

Autre source de cohésion, sur laquelle les professionnels n'auraient pas forcément misé : l'informatique. Et pourtant ! C'est bien le partage des dossiers patients qui a achevé de souder l'équipe.

*« Nous voulions faire de l'éducation thérapeutique pour les patients diabétiques, et pour cela, il nous fallait une formation de 40 heures. Nous avons donc passé de nombreux samedis matin ensemble, à apprendre. C'est comme ça que "la mayonnaise a pris". Nous avons grandi ensemble. »*

Christian Vedrenne

Depuis, la MSP de Saint-Paul a essaimé. « Nous avons monté une fédération pour aider les autres porteurs de projets. Et ça a marché. Bon an, mal an, nous avons bien soutenu une cinquantaine d'équipes. Nous allions les rencontrer, en concertation avec la Cpam et l'ARS. La fédération est devenue une structure importante, avec une douzaine de chargés de mission. Cela facilite beaucoup de choses. Les collègues n'essuient plus les plâtres comme nous l'avions fait : quelle que soit leur question, ils trouvent une réponse. Les MSP, moi je suis radieux quand j'en parle : c'est une superbe réalisation. »

### 3 km contre 80, pour consulter une gynécologue

Pour Christian, une anecdote résume tous les bienfaits de sa maison de santé : « Deux ans après l'ouverture, une patiente m'a dit qu'elle n'aurait jamais pensé qu'une gynécologue viendrait assurer des permanences. »

L'équipe n'a pas encore chiffré l'impact local en termes de dépistage de cancers du col de l'utérus, mais selon Christian, parcourir 3 km ou 80 pour rejoindre Perpignan change la donne. « Nous avons aussi des patients en ALD pour des problèmes cardiaques. Autrefois, ils devaient prendre un taxi-ambulance pour voir le cardiologue, maintenant, c'est lui qui vient chez nous une fois par mois. »

Un bassin de population de 5 000 à 6 000 habitants, dans un rayon d'une heure de voiture, est ainsi couvert.

« La confiance entre nous s'est véritablement renforcée, souligne Christian Vedrenne. On a beaucoup parlé de délégation en début d'année. Pour moi, c'est la confiance qui permet de poser un diagnostic à deux. Par exemple, un kiné qui vous alerte, car un patient ne progresse pas comme il le devrait, ça vous oriente. »

Depuis le départ, l'équipe se réunit en mode RCP, ces réunions de concertations pluridisciplinaires établies dans le cadre du plan Cancer. « C'est primordial justement pour se retrouver autour des cas patients, conclut Christian. Nous travaillons aussi sur les maladies communes à plusieurs patients. Cela nous permet d'établir des protocoles de surveillance. Nous essayons de le faire une fois par mois. Au début, on ne pouvait pas être rémunérés pour cela, mais on était enthousiastes. Maintenant, on est rémunérés, enthousiastes… et en plus, on a un buffet !, plaisante-t-il. C'est aussi l'occasion d'évoquer nos doutes et erreurs : ce n'est jamais facile d'en parler entre pairs. Ça demande du courage et de l'humilité. »

> *Un kiné qui vous alerte, car un patient ne progresse pas comme il le devrait, ça vous oriente.*
>
> Christian Vedrenne

## Initiative n° 2
## À Maubeuge, dans le Nord

### « Si j'étais resté seul, j'aurais arrêté de travailler »

Pierre-Marie Coquet, 66 ans aujourd'hui, a fondé une maison de santé à Maubeuge : la bien-nommée SISA « Liberté Pôle Santé » a compté parmi les premiers projets retenus dans le cadre de l'article 51. Aujourd'hui, cette MSP est l'une des plus grandes de France. Ici, on sent bien que le partage des tâches n'est pas un vain mot.

« On a commencé à deux médecins, puis rapidement une infirmière est venue toquer à la porte (il s'agit de Caroline Leroy, également citée dans cet ouvrage). Les infirmières chez nous font de l'exploration fonctionnelle respiratoire chez les tabagiques, des électrocardiogrammes, mais aussi du dépistage et de l'éducation thérapeutique. Nous avons également quatre secrétaires à temps plein. Et des assistantes médicales, qui accueillent les patients, les pèsent, prennent leur tension, déshabillent les bébés et les personnes âgées… Enfin, nous avons intégré une sage-femme, ce dont je suis très fier. »

### Ouverture d'une maison médicale de garde à l'hôpital

Autre initiative de Pierre-Marie Coquet : la création d'une maison médicale de garde à l'intérieur de l'hôpital de Maubeuge. « Tout a commencé avec une formation contre la grippe aviaire. Nous avons formé 300 professionnels de santé et nous nous sommes dit : c'est quand même dingue de ne pas avoir une maison médicale de garde. » Aussitôt dit, aussitôt fait : trois semaines plus tard, l'une des premières maisons médicales de garde des Hauts-de-France ouvre dans les couloirs de l'hôpital. Les généralistes volontaires se relaient pour assurer une permanence de soins pour les urgences non vitales.

« Entre les hospitaliers et les libéraux, c'était le début d'une très belle histoire de coopération. Aujourd'hui, aux Urgences de Maubeuge, quand vous arrivez, vous avez la maison médicale de garde à gauche, et les Urgences à droite. L'une des premières alertes Covid est venue de la maison médicale de garde. 30 personnes toussaient dans la salle d'attente, on a compris. »

### « Je suis un entrepreneur, c'est dans mes gènes »

Retour à la MSP. Parmi les conditions de succès, Pierre-Marie Coquet désigne les murs : « Il nous faut des locaux qui soient de vrais locaux, qui ne soient pas aux mains des collectivités locales. Moi, je suis un entrepreneur, c'est dans mes gènes. J'ai préféré m'endetter. Je n'ai pas envie qu'on m'impose des colocataires ni qu'on interfère dans mon équipe. En revanche, nous avons bénéficié d'une zone franche pendant 14 ans, et c'est une bonne chose. Il manque sans doute des cours d'économie à la fac de médecine. »

### « La solution se trouve à l'échelle de chaque territoire »

Pour améliorer l'accès aux soins des Français, Pierre-Marie croit en l'approche territoriale. « L'échelle est trop grande pour qu'on puisse construire une réponse nationale. Il faut trouver des chefs d'orchestre ici et là pour organiser des réponses locales, en fonction des besoins. Un bassin de 100 000 à 130 000 habitants me semble être une bonne taille. »

La santé de demain, c'est évidemment l'équipe médicale, conclut-il. « Il faut considérer les autres soignants comme étant en responsabilité et s'appuyer sur eux. »

> *« L'échelle est trop grande pour qu'on puisse construire une réponse nationale. Il faut trouver des chefs d'orchestre ici et là pour organiser des réponses locales, en fonction des besoins. Un bassin de 100 000 à 130 000 habitants me semble être une bonne taille. »*
>
> Pierre-Marie Coquet

« Je crois que le métier de demain, pour le médecin traitant, consiste à devenir médecin coordinateur, affirme en écho Jean-Paul Ortiz, ancien président de la CMSF. À mon avis, c'est lui qui doit avoir "du nez", le sens clinique d'aller vers tel ou tel diagnostic. Il est l'accompagnateur du patient dans son parcours de santé, pour établir un diagnostic précoce. Et autour de lui, il bâtit une équipe pluridisciplinaire. »

« Les MSP sont une belle occasion de bâtir cette équipe de soins coordonnée autour du patient, estime lui aussi Gérard Raymond (France Asso Santé). À ce jour malheureusement, l'Assurance Maladie ne sait pas rémunérer une équipe au forfait. Je pense qu'il faut réussir ça : pour le moment, dans les MSP les soignants sont obligés de tout segmenter pour se faire payer. »

# Faire confiance à chaque maillon

## Initiative n° 3
## À Dunkerque, dans le Nord

### Auxiliaires de vie : des équipes autonomes

Elles s'appellent Les Furets, Les Gazelles, Les Mimosas, La 7e compagnie ou encore Les Étincelles… « Elles », ce sont les équipes d'aides à domicile de l'ADAR Flandre Maritime : des équipes autonomes qui ont appris à travailler autrement, parce qu'on leur a fait confiance et qu'on les a formées pour gérer leur planning, leurs patients et même leurs recrutements. « Le monde n'est peut-être pas devenu tout rose, mais je n'ai plus personne qui pleure », lâche Amandine Deraed, directrice adjointe en charge des RH et du pôle Habitat.

> *« Le monde n'est peut-être pas devenu tout rose, mais je n'ai plus personne qui pleure. »*
>
> Amandine Deraed

### Une méthode importée

La source d'inspiration est à chercher du côté des Pays-Bas, chez les infirmiers : c'est là-bas que le modèle Buurtzorg a bousculé les codes des soins à domicile en pariant sur la responsabilisation des soignants.

Le projet porté par l'ADAR Flandre Maritime vient répondre à une situation critique que partage l'immense majorité des auxiliaires de vie sociale en France. Ces métiers deviennent de plus en plus nécessaires, et pourtant ils sont extrêmement dévalorisés, synonymes d'un quotidien contraignant, entre fatigue physique et horaires décalés. Résultat : démotivation, turnover et difficultés de recrutement.

« Nous sommes 350 aides à domicile – des femmes en très grande majorité, raconte Amandine. Les aides à domicile ne font pas partie du corps des soignants, mais nous sommes le premier maillon de la chaîne, pour toutes les personnes qui ont besoin d'aide : aide au ménage, aide au repas, accompagnement des courses, aide à la toilette et à l'habillage, aide au lever et au coucher… Le travail d'une aide à domicile touche toutes les dimensions du quotidien.

Et jusqu'au décès : il arrive que nos collaborateurs arrivent le matin et constatent que la personne accompagnée est décédée. »

## Premier défi : rompre l'isolement

Le métier demande une bonne condition physique, mais il s'agit avant tout de « maintenir le lien social ». « Aux yeux de l'administration, poursuit Amandine, cet aspect-là a été mis de côté au profit des tâches techniques, mais en réalité, avec des enfants éparpillés aux quatre coins de la France, ou un conjoint qui décède, le premier défi de nos personnes accompagnées, c'est bien l'isolement. L'aide à domicile est là aussi pour stimuler la personne, pour l'aider à garder sa motivation dans la vie. De plus, c'est souvent elle, ou lui, qui détecte les premiers signes d'une perte d'autonomie qui s'amplifie, ou d'une maladie qui débute. »

L'ADAR est une association loi 1901. La plupart des 1 700 personnes qu'elle accompagne bénéficient d'une aide financière accordée par le département, les caisses de retraite ou les mutuelles principalement. « Le financement en question, baptisé "plan d'aide", s'est restreint au fil des années à "se laver, s'habiller, manger". Cependant, depuis quelques années, la question du lien social et de l'accompagnement est remise en avant et des solutions se profilent. En outre, nous avons la chance de travailler au sein d'un département – le Nord – qui se préoccupe de l'accompagnement des personnes âgées et qui développe des solutions supplémentaires pour le maintien du lien social. »

## Les « exécutantes » ne restent pas

« Quand le financeur et parfois les structures d'aides à domicile elles-mêmes oublient le lien social, l'aide à domicile est considérée comme une exécutante. Son responsable de secteur l'envoie à tel endroit, à telle heure, accomplir telle tâche, alors que lui-même ne connaît pas les personnes accompagnées. »

L'ADAR Flandre Maritime couvre un territoire étendu, à la fois en ville et en campagne. L'une des difficultés des aides à domicile réside dans le nombre de kilomètres parcourus, au gré des changements de planning, pour aller remplacer une collègue ici ou là. Avec cet impact sur le patient également : « Quand vous ne savez pas qui va venir faire votre toilette, quand il faut recréer un lien tous les matins ou presque, vous pouvez difficilement croire que vous êtes bien traité. »

Conséquence inévitable : des salariés qui craquent, des candidats qui ne se pressent guère aux portes, un taux d'absentéisme qui grimpe en flèche et aussi pas mal d'accidents du travail. « Tout cela, nous l'avons connu. Et c'est pourquoi nous avons décidé de modifier radicalement les règles du jeu », explique Amandine.

### On efface tout et on recommence

À partir de 2018, Amandine et sa directrice Laurie Alexandre se penchent sur le modèle Buurtzorg. « Avant cela, nous avions mis en place des groupes d'échange de pratiques. Nous sentions bien que les aides à domicile avaient besoin de se réunir régulièrement. L'exercice du métier ne gagne pas à rester solitaire. Parfois, pour le même patient, vous avez trois collaboratrices pour qui tout va bien et une qui ne s'en sort pas. Il faut comprendre pourquoi : il faut qu'elles puissent se rencontrer et se transmettre leurs savoirs et leurs compétences. »

Avec le projet PEPS (« Partager l'envie de prendre soin »), elles entrent dans une autre dimension, vers un modèle qui valorise l'autonomie de chaque salariée. « Il nous fallait une solution et nous l'avons trouvée dans cette méthode de management responsabilisant, poursuit Amandine. Nous avons d'abord travaillé toutes les deux pour l'adapter à notre contexte, puis nous l'avons présentée aux équipes. Je leur ai dit : il est temps de rendre à César ce qui lui appartient. C'est tout de même vous qui connaissez les personnes que vous accompagnez. Nous avons peu de légitimité à vous dire ce qu'il faut faire. Nous allons tester un nouveau modèle par équipe : si vous êtes volontaire, venez nous trouver avec les collègues avec qui vous avez envie de travailler. »

Quatre équipes se présentent immédiatement. Il s'agit en effet de former des groupes de moins de dix aides à domicile, affectées à un territoire restreint, de façon à ce qu'elles prennent en charge « leurs » patients et ne soient plus amenées à sillonner toute la Flandre Maritime. « C'est grâce à un appel à projets lancé par le département du Nord que le PEPS a pu être développé rapidement ; une subvention nous a été accordée pour pouvoir mettre en place nos équipes », souligne Amandine.

### Compagnonnage

« Les aides à domicile ont désormais la main sur leur planning et sur la manière dont elles prennent en charge les personnes : qui s'occupe de qui ? Qui fait quoi ? Elles s'engagent à se remplacer l'une l'autre à l'intérieur de leur équipe. Certaines ont mis en place des tournées, d'autres travaillent sur des demi-semaines... Certaines veulent travailler le week-end, d'autres le matin très tôt... Elles se complètent et ont imaginé des formats auxquels nous n'aurions jamais pensé. »

Des temps de coordination sont prévus à intervalles réguliers, sur le temps de travail. « Les anciennes m'ont dit qu'elles le faisaient déjà avant... mais sans être rémunérées. » Les aides à domicile intègrent les nouveaux arrivants par une forme de compagnonnage : personne n'est jamais envoyé sur le terrain sans avoir déjà rencontré le patient en binôme. Chaque équipe peut organiser ses propres recrutements.

Pour réussir tout cela, il faut bien sûr former et accompagner les salariées. « Nous avons eu besoin de deux mois pour rendre les premières équipes opérationnelles. Maintenant, c'est plus rapide : un mois. Mais il est toujours besoin d'ajustements au fil du temps – et c'est normal. Par exemple, nous avons des équipes qui recevaient leurs candidats toutes ensemble – ce qui peut être impressionnant pour un candidat et lui faire peur », sourit Amandine.

La première équipe a été lancée en décembre 2020 et le déploiement était achevé en janvier 2023, avec 38 équipes.

Les anciennes responsables de secteur ont changé de métier : elles ont choisi entre devenir coachs d'équipe ou coordinatrices de parcours, pour aider les auxiliaires de vie à établir les plannings.

Les bénéfices sont considérables : réduction de l'absentéisme et des accidents de travail, transmission des savoirs entre équipières, nette amélioration des rapports avec les infirmières, qui étaient elles-mêmes excédées de ne jamais trouver le même interlocuteur chez le patient... Mais aussi (« bien sûr ! », diront les convaincus du management par l'autonomie) une prise d'initiatives qui va bien au-delà des attentes d'Amandine.

### Un goûter de Noël

« Certaines équipes ont déjà basculé dans la recherche de ce qu'elles peuvent faire de plus, de mieux. J'ai deux équipes qui ont organisé un goûter de Noël : elles sont allées trouver la mairie toutes seules, ont réservé la salle... D'autres qui sont allées frapper à toutes les portes de leur village pour recruter leurs futurs collègues. Et d'autres encore qui auparavant étaient plutôt de "fortes têtes" et sont devenues les meilleures ambassadrices de l'ADAR auprès des élus locaux. »

« Aucune équipe ne ressemble à une autre, conclut Amandine Deraed. Notre cheval de bataille 2023 sera de travailler sur les besoins de formation au sein de chaque équipe, de renforcer leur connaissance du partenariat local, de développer de nouvelles pratiques RH. Le passage des équipes de direction sur le terrain reste très important, pour montrer aux aides à domicile qu'on ne les oublie pas, qu'on est toujours là pour les épauler. »

> “ *J'ai deux équipes qui ont organisé un goûter de Noël : elles sont allées trouver la mairie toutes seules, ont réservé la salle… D'autres qui sont allées frapper à toutes les portes de leur village pour recruter leurs futurs collègues.* ”
>
> Amandine Deraed

## Initiative n° 4
## Le Mans-Caen

### Deux reconversions, deux idéalistes ?

Aides à domicile, aides-soignants, même combat ? Les points communs sont nombreux, le métier difficile. Il se trouve pourtant des professionnels pour le défendre ; c'est le cas d'Alexandre Dussart au Mans (aide-soignant à domicile) et de Béatrice Pacteau à Caen, qui assure les nuits en Ehpad.

Arrêtons-nous d'abord au Mans avant de démarrer une visio avec la Normandie. Alexandre Dussart lui-même a appuyé sur le bouton « pause » : il sort d'une année durant laquelle il s'est accordé le droit de « retaper une maison… et me retaper moi, aussi ».

Il était « à vif, complètement désabusé », après une crise du Covid qui a mis en lumière de nombreux dysfonctionnements dans la structure pour laquelle il travaillait, une fondation à but non lucratif. « On nous a envoyés à domicile avec un rouleau de Sopalin et du savon liquide, un seul masque pour une tournée complète – le tout, sans avoir la moindre idée à l'époque de la létalité du virus. »

### De la start-up aux patients intubés

Alexandre a pourtant choisi son métier, qui lui tient à cœur. Il présente un profil atypique : ancien développeur informatique, il exerçait dans une start-up, avec un « très bon salaire », avant de décider en 2011 d'une reconversion vers le métier d'aide-soignant, pour « donner une dimension humaine » à son travail.

« Je ne voyais plus l'intérêt de saisir des lignes de code, et pourtant mon employeur nous laissait une grande liberté, explique-t-il. Aide-soignant, c'est le premier maillon, c'est l'hyper local. Quand j'ai commencé, j'ai été embauché dans une structure à dimension familiale, toute petite, avec une infirmière en chef et un médecin libéral. On travaillait bien. Mais quand ils sont partis en retraite et qu'on a été repris par la fondation, tout a changé. C'est devenu très clair : le seul objectif était de prendre un maximum de patients – ou plutôt un maximum d'enveloppes de la Sécurité sociale. »

Autrefois, cinq patients à aller voir sur la matinée, c'était perçu comme déjà excessif. « Mais là, on est passé à huit patients, dont certains sont atteints de pathologies lourdes comme la sclérose en plaques. On commence nos journées à 7 h 30. On ne nous a jamais demandé de terminer à midi, mais franchement, si vous arrivez à 13 h 30 chez un patient pour faire sa toilette, et que vous le trouvez devant son assiette de frites, vous vous sentez comment ? À l'aise ? Moi, je crois que huit patients par matinée, ce n'est pas possible. On sait bien qu'on fait mal notre travail. On nous demande de faire de la merde – pardon pour l'expression, mais elle n'est pas trop forte. Et il faudrait encore sourire. »

### Une profession « taboue » ?

Alexandre, son petit chien sur les genoux, dégage un mélange surprenant de lassitude et d'énergie. Les yeux pétillants de lucidité, il souligne le mépris avec lequel sa profession est souvent traitée : « Socialement, c'est compliqué de dire qu'on est aide-soignant. Ma femme est orthophoniste. Quand on est en soirée, je vois bien que mon métier met les gens mal à l'aise. Notre profession est taboue : on préférerait ne pas nous voir. Mieux : ne pas avoir besoin de nous. Nous sommes pourtant un pilier indispensable de la société. »

Pour réaliser « un bon soin », Alexandre a besoin d'avoir établi « une bonne communication avec le patient ». « La rencontre avec les patients, c'est le cœur de notre métier. Nous faisons des toilettes, nous avons affaire à la nudité, celle des jeunes et des moins jeunes, des hommes et des femmes… Vous ne pouvez pas arriver et dire brutalement au patient de se déshabiller, quand c'est la première fois que vous le voyez et que vous ne savez encore rien de sa pathologie. Or, on nous envoie chez eux au sprint, comme s'il s'agissait de livrer un colis. Une toilette sur une personne intubée, ça demande un peu de délicatesse. Moi, quand je suis sous pression, je deviens gauche, je fais tomber des trucs, mais ça, l'employeur s'en moque. »

> *« Socialement, c'est compliqué de dire qu'on est aide-soignant. Ma femme est orthophoniste. Quand on est en soirée, je vois bien que mon métier met les gens mal à l'aise. Notre profession est taboue : on préférerait ne pas nous voir. Mieux : ne pas avoir besoin de nous. »*
>
> Alexandre Dussart

« Est-ce qu'on peut normer un soin ?, s'interroge Alexandre. Je ne suis pas sûr. La norme d'un soin, c'est la propre norme du soigné, non ? Je suis peut-être idéaliste. Mais c'est bien le patient qui subit le plus. » Une réflexion qui fait un curieux écho avec la position de Martin Winckler (lire page 47).

### Des journées en civil

À Caen, Béatrice Pacteau est aide-soignante depuis 15 ans. Ancienne secrétaire médicale, elle voulait « faire du soin avant tout » et a choisi, comme Alexandre, d'opérer une reconversion. Elle exerce en Ehpad public, d'abord de jour et désormais de nuit. Les « nuits profondes » dont parle Guillaume Debaty, elle connaît bien.

« On arpente les couloirs en silence. Si un résident dort, on ne veut pas le réveiller, mais il faut écouter attentivement, car quelqu'un qui chute, par exemple, n'est pas forcément capable d'appeler. Quand un patient n'arrive pas à dormir, on lui propose d'aller prendre une boisson chaude, on regarde un peu la télévision avec lui et on le recouche. On a des cas plus difficiles aussi, des résidents agressifs. On les emmène avec nous, on tente de les apaiser comme on peut, pour ne pas qu'ils dérangent les autres. Je pense à un monsieur qui, si on le laisse faire, va tambouriner à toutes les chambres et entrer si c'est ouvert. »

« Nous n'avons pas de méthodes sophistiquées à notre disposition, relève Béatrice : dialogue, empathie, compréhension. On ne peut pas donner de médicaments. Nous sommes passés de 60 résidents à 94, sans augmentation d'effectifs. Et la nuit, nous sommes deux aides-soignantes pour tout l'établissement. Pas d'infirmières. Pas de médecin. Je crois que ça parle tout seul. »

« Le problème aujourd'hui, c'est l'absentéisme : il est énorme, reprend-elle. Nous sommes en sous-effectif permanent. À tel point que l'Ehpad recrute qui veut bien venir travailler : des aides-soignantes non formées, non diplômées. Mais elles prennent le poste en attendant mieux : elles ne sont pas motivées, elles ne restent pas longtemps. » La spirale continue. Il faut dire que l'Ehpad ne propose que des emplois précaires, en CDD et à temps partiel. Avec des plannings qui changent tout le temps : impossible de prendre un second job en parallèle.

> *« Nous n'avons pas de méthodes sophistiquées à notre disposition : dialogue, empathie, compréhension. On ne peut pas donner de médicaments. »*
>
> Béatrice Pacteau

« Malgré tout, poursuit Béatrice, je reste optimiste. Je continue d'aimer mon métier, que tout le monde considère comme épouvantable. Avant non plus il n'y avait pas beaucoup d'argent, mais en fonction de la direction, on voit bien qu'avec un même budget, on peut se débrouiller différemment. Cela fait quelques années que cela ne va pas dans le bon sens, hélas. »

Le médecin coordonnateur, présent deux après-midi par semaine, n'a guère que le temps de s'occuper des décès, ou plutôt des entrées consécutives aux décès : il faut établir un nouveau dossier patient.

### « J'attends une volonté des ARS et du gouvernement »

Béatrice convoque le souvenir d'une directrice qui incitait ses équipes à travailler l'autonomie des résidents et favorisait le lien social. « On les aidait à marcher pour aller déjeuner, par exemple, pour rester toniques et ne pas se rabattre sur le fauteuil roulant par facilité, juste pour gagner du temps. »

Autre exemple, particulièrement apprécié à la fois des résidents et des aides-soignants : la possibilité de consacrer un jour par mois, « en civil », à prendre soin des patients différemment. « Pour ces soins relationnels, on s'organisait comme on voulait : on pouvait déjeuner avec deux ou trois résidents, proposer un jeu de société, aller faire une promenade… À une époque, nous pouvions même les emmener cinq jours tous ensemble en vacances. C'était formidable. Ça fait longtemps que c'est terminé, mais ce n'est pas seulement une question d'argent, comme on nous l'oppose sans arrêt. Car même une heure en civil nous est désormais refusée. »

Autant dire que la musicothérapie ou la venue d'un maître-chien sont également passées aux oubliettes. « Mais moi, je pense que c'est avant tout une question de vision et j'espère que nous y reviendrons, conclut Béatrice. J'attends une volonté des ARS et du gouvernement, pour que les choses évoluent, pour qu'au gré des changements de directeurs, on ne puisse plus se cacher toujours derrière la question de l'argent. »

## Initiative n° 5
## À Angers, dans le Maine-et-Loire

### Les « petites mains » méritent mieux que ça

Alain Morel est biologiste moléculaire à l'Institut de cancérologie du Grand Ouest. Il attire notre attention sur des rouages non médicaux ou paramédicaux indispensables, à l'hôpital comme en Centre de lutte contre le cancer (CLCC) ou encore en médecine libérale : « Si l'on parle de souffrance au travail, à mon sens, certaines secrétaires médicales par exemple subissent des tensions très fortes. Les secrétaires à l'interface patients/médecins doivent gérer les difficultés de prises de rendez-vous pour certaines spécialités en tension, voire l'agressivité croissante de certains patients. Ce personnel est souvent pensé comme interchangeable. C'est inexact. En effet, certaines mettent en forme des comptes-rendus complexes destinés aux patients et aux confrères. Dans quelques structures hospitalières, on considère que celles qui tapent le plus de mots à la minute sont les plus efficaces… peu importe leur compréhension. C'est très dépendant aussi des médecins. Certains ont des exigences démesurées, d'autres ne font pas l'effort d'enregistrer leur compte-rendu de manière intelligible. Il faut dans ces cas qu'elles captent une langue quasiment étrangère. Dans quelques services, elles ne lèvent pas les yeux de leur machine du matin au soir, tant la demande est importante liée à des sous-effectifs chroniques. Des établissements ont créé des pools de secrétaires, où on les change de secteur en fonction des demandes ; il faut donc à chaque fois qu'elles s'habituent aux spécificités des services. À la vue de ces difficultés, la valorisation me semble très faible. »

> *« Les secrétaires à l'interface patients/médecins doivent gérer les difficultés de prises de rendez-vous pour certaines spécialités en tension. »*
>
> Alain Morel

Même chose pour les paramédicaux, comme les techniciens de laboratoire, poursuit Alain Morel. « Les techniques évoluent de manière considérable avec un niveau de connaissances et d'exigences sans cesse croissant. De fait, cela nécessite des formations complémentaires continues, quelquefois hors des heures de travail. Par exemple, les indispensables formations express lors de la pandémie… L'implication constante de ces personnels me semble souvent peu ou mal reconnue. Quand les collaborateurs indispensables ne sont pas valorisés, il est difficile de leur demander de rester cinq minutes de plus le soir ou de s'impliquer plus que nécessaire. »

## Initiative n° 6
## À Montpellier, dans l'Hérault

### Pour la validation des acquis de l'expérience des IPA

Au service de réanimation-médecine intensive du CHU de Montpellier, le professeur Kada Klouche insiste sur cette spécificité de l'hôpital public : « Vous travaillez vraiment en groupe. Discuter avec les confrères, argumenter sur les diagnostics… L'équipe, c'est vraiment l'hôpital. C'est le noyau dur. Comme nous recevons tous les patients, les cas les plus difficiles ou rares, nous avons besoin de cette concertation, que vous ne trouvez pas en cliniques privées. Les infirmières le ressentent également. Dans mon service, j'ai des infirmières qui sont là depuis dix ans et qui ont une solide expertise. »

Ce ne sont pas des IPA (infirmières en pratique avancée), mais pour certaines, elles pourraient le devenir, estime le médecin. Reste qu'il faut pouvoir ménager deux années de formation supplémentaires qui peuvent être prises en charge par l'hôpital dans le cadre de son plan de formation. Pour une infirmière libérale, c'est difficilement envisageable. « Les IPA, c'est une très bonne avancée, reprend Kada Klouche. Les infirmières qui travaillent avec nous, franchement, je pense qu'elles font déjà de la pratique "avancée", mais sans la reconnaissance officielle. Nous aimerions que cela soit reconnu en rétroactif : grâce à la validation des acquis de l'expérience. Ce serait normal. Et cela nous permettrait de les fidéliser. »

Julie Devictor, à la tête du Conseil national des IPA, n'a cependant pas le même point de vue : « Les deux années de plus de formation universitaire sont indispensables. IPA est un titre protégé. Je suis totalement opposée à la VAE, car il est tout simplement impossible de valider des compétences (notamment cliniques) qui ne sont exercées par aucune infirmière en soins généraux. Les validations de certaines unités d'enseignement sont en revanche possibles, si les infirmiers sont titulaires des diplômes universitaires ad hoc comme la santé publique ou la recherche. »

« La formation des IPA doit être globale, non spécialisée, poursuit Julie Devictor. Leur expertise doit porter sur des activités cliniques transversales qui concernent tout type de patients (nutrition, douleur, addictions, etc.). On ne peut pas en formation IPA devenir des spécialistes d'organes. Certaines ont déjà des connaissances acquises de par leur expérience infirmière. D'autres vont bénéficier d'un compagnonnage ou faire de la formation continue pour acquérir des compétences cliniques plus spécifiques en regard de leur contexte d'exercice. »

## Initiative n° 7
## À Maubeuge et Valenciennes, dans le Nord

### Réduire la paperasse… et le contrôle

Conséquence de notre millefeuille administratif : la paperasse. En décembre 2022, Thomas Fatôme, DG de la Cnam, a confié à Jacques Franzoni, médecin généraliste et coprésident de la CPTS du Grand Valenciennes (59), et Pierre Albertini, ancien DG de la Cpam de Paris, une mission flash portant sur la charge administrative dans la vie des médecins, dans l'objectif de « leur redonner du temps médical ».

Un questionnaire envoyé aux médecins a obtenu 2 000 réponses, dont plus de 900 réponses complètes. En parallèle, Jacques Franzoni a mené une soixantaine d'interviews de professionnels de santé et d'institutionnels. Parmi les thèmes explorés : les certificats médicaux, le processus de facturation, les ALD (affections de longue durée), les relations avec la Cpam, l'ergonomie du site Ameli (son versant professionnel) et le Ségur du numérique. Bilan : un mois de travail et « énormément de points de convergence ».

« Le sentiment brut qui remonte du terrain, c'est qu'il y a trop de tâches administratives, et chaque année davantage. Les médecins se sentent sollicités pour des tâches inutiles, explique Jacques Franzoni. Ils parlent d'irritants, de charge mentale. Certains estiment qu'ils consacrent jusqu'à 20 % de leur temps à l'administratif, mais la moyenne se situe plutôt autour de deux bonnes heures par semaine. »

### Le micmac des certificats médicaux

Sans aucun doute, le poste le plus chronophage se rapporte aux certificats médicaux. « Les patients en demandent sans arrêt à leur médecin, parce qu'en amont, les crèches, les clubs de sport, les assureurs, les nounous, les écoles, les employeurs, etc. leur en réclament eux aussi – mais la plupart du temps, sans aucun fondement réglementaire. En réalité, la loi est très mal connue, y compris des professionnels de santé. Elle est constituée d'un empilage de textes et d'exceptions en série, ce qui n'aide pas à son appropriation. »

La première mesure consistera donc à faire du certificat médical une exception et à aider les médecins à y avoir clair : une plateforme d'information précise, un « point d'entrée unique » devrait être mis en ligne sur le site service-public.fr à l'été 2023, permettant de savoir très vite en fonction du contexte si le certificat médical demandé est obligatoire ou superflu. « Pour une maladie bénigne par exemple, une crèche n'est pas légitime à vous demander un certificat de bonne santé de l'enfant avant de le réintégrer. »

Parmi les autres décisions prises grâce à ce rapport : la Cnam ne devrait plus rejeter un paquet de factures pour une seule non-conformité dans le lot. « C'est perçu comme une injustice. D'ici la fin de l'année, la Cnam paiera tout, sauf la facture qui lui pose problème. »

### Une vraie source d'angoisse

Mais les médecins ne sont pas les seuls à crouler sous la paperasse. Dans le Nord de la France, Caroline Leroy a fait toute sa carrière en tant qu'infirmière libérale. Quand elle raconte l'évolution de son métier sur plus de trois décennies, elle souligne à intervalles réguliers le poids que représentent les transmissions à la Cnam. Caroline n'a pas beaucoup de temps et pour elle aussi, l'administratif est un avale-temps, mais bien plus que ça, il est une source d'angoisse. On entend la crainte « qui lui retourne le ventre » d'être considérée comme une « fraudeuse », l'angoisse de cocher la mauvaise case, de choisir le mauvais acte dans une nomenclature qui de toute façon ne reflète plus, et depuis longtemps, l'infinie variété des situations de terrain.

« Je suis sortie de l'école, j'ai fait deux mois de clinique et je suis partie. Mon employeur de l'époque était dans l'ultra-contrôle ; il m'a fait travailler le dimanche de mon mariage, alors que tous mes collègues étaient prêts à me remplacer. »

« Je me suis installée ici à Maubeuge, c'est une petite ville de 30 000 habitants. On était quatre infirmières alors. Nous sommes une centaine aujourd'hui. On courait toute la journée, on ne faisait que des injections et des pansements. Une fois, j'ai compté et je me suis arrêtée à 100 : je n'avais fait que des injections depuis le matin. On entrait, les patients avaient déjà préparé l'alcool et le coton, on piquait et on repartait. Notre métier était 100 % prescrit et pour ainsi dire, limité à deux actes. »

*“ On entend la crainte « qui lui retourne le ventre » d'être considérée comme une « fraudeuse », l'angoisse de cocher la mauvaise case, de choisir le mauvais acte dans une nomenclature qui de toute façon ne reflète plus, et depuis longtemps, l'infinie variété des situations de terrain. ”*

Depuis, les injections intramusculaires ont disparu ou presque, et Caroline a changé de nature d'activité. « On fait beaucoup de surveillance et de maintien à domicile : aide aux soins, toilette, aide pour la prise de médicaments, coup de téléphone au médecin, organisation du rendez-vous avec le kiné… C'est une activité nécessaire : de nombreuses personnes âgées ne pourraient pas rester chez elles sans notre passage deux à trois fois par jour. »

Et voilà qu'émerge l'Everest administratif : « Ce qui nous met mal à l'aise, c'est que nous faisons tout ça avec juste une prescription pour distribuer des médicaments. On n'est plus raccord avec notre nomenclature. Nous faisons beaucoup de choses, toutes très utiles, mais aucune n'est reconnue par la Cpam. Alors, dans nos cotations, on n'est jamais sûres. Par exemple, un patient qui a de l'arthrose dans les mains ne sait pas se mettre du collyre, ni enfiler ses chaussettes de contention. Celui qui ne voit pas très clair hésite entre deux médicaments, d'autant qu'ils changent de couleur très régulièrement. Pour tout ça, nous n'avons pas de "case" et c'est la cause de notre stress. Même sans troubles cognitifs, je vous assure que je ne m'en sors pas pour remplir les papiers. Sur les forums d'infirmières, on échange entre nous : tu mets quoi là ? Et pour ça ? On a toutes le même problème, mais pas de solution. Vous lisez dix avis, ils sont tous différents. »

« Et puis, poursuit Caroline, c'est devenu une usine à gaz depuis qu'on nous a mis des cotations variables en fonction de l'âge du patient, de son niveau de dépendance, et ainsi de suite. C'est le seul stress de mon métier, mais il est énorme. Je n'ai jamais eu peur d'entrer dans un immeuble mal famé. Mais ça… »

### Peur de mal faire

Trois mois plus tôt, Caroline, dont on perçoit pourtant tout l'amour qu'elle porte à son métier, a failli abandonner pour cette raison. « Ce n'était pas à cause des jambes lourdes, de quelques patients désagréables, ni du prix de l'essence. C'est la peur. La peur permanente de mal faire et d'être prise pour une voleuse par la Cpam. »

Au domicile des patients, le partage des tâches s'orchestre entre l'infirmière, la famille et les aides-soignants. « On s'adapte au contexte. Les aidants naturels peuvent donner les médicaments, par exemple. Mais l'aide-soignante n'a pas le droit de mettre les bas de contention. »

Et chez Caroline, une fois rentrée chez elle, commence le volet administratif. « J'y passe parfois toute ma journée de repos, six ou sept heures d'affilée. » Caroline a été la première infirmière à intégrer la MSP de Maubeuge, fondée par Pierre-Marie Coquet, et c'est sans doute ce collectif qui la fait tenir, même s'il est très clair qu'une simplification de sa nomenclature lui changerait la vie.

Autre dynamique positive, une expérimentation locale qui devait s'achever en avril 2023, baptisée « Équilibres » (article 51). Caroline évoque le pilote en cours : « Un groupe d'infirmiers agréés par l'ARS ne sont plus rémunérés sur la nomenclature, mais au temps passé chez le patient. Autrement dit, quand ils sont auprès du patient, ils font ce qu'ils jugent bon de faire, y compris de l'éducation thérapeutique. Nous en faisons tous déjà, mais toujours rapidement et en même temps qu'un acte : par exemple, nous parlons au patient de son diabète, pendant qu'on lui fait un pansement. Le projet Équilibres devrait permettre de discuter alimentation, activité physique, hygiène… sans se demander ce qu'on va pouvoir déclarer. »

## L'échelon local, une clé de succès

### Initiative n° 8
### À Valenciennes, dans le Nord

#### Mailler le territoire

La communauté professionnelle territoriale de santé (CPTS) de Valenciennes n'a pas un, mais deux présidents : un médecin et une pharmacienne. Et parmi les dix membres du conseil d'administration, on trouve quatre disciplines différentes, bientôt cinq. Une façon d'affirmer que « c'est ensemble que nous pourrons mailler le territoire ».

Car telle est bien la volonté de Jacques Franzoni, à l'origine du projet. Généraliste et ex-urgentiste, pendant le Covid, il est retourné à l'hôpital donner un coup de main à ses anciens collègues. C'est là qu'est né le projet, en pleine campagne de vaccination. « Nous sommes confrontés au manque de médecins traitants et à la faiblesse de la prévention. Nous ne pouvons plus nous permettre de raisonner en termes de patientèle. Il faut une nouvelle approche : par bassins de population, en agrégeant les forces d'un maximum de professionnels de santé locaux. »

La CPTS a soufflé sa première bougie en 2022, avec 258 membres actifs. Soit « 20 % des libéraux du territoire ». Elle a initié un projet ambitieux fondé sur l'analyse de données. En croisant les données du Health Data Hub et celles de l'Insee, la CPTS met en place des actions ciblées, à l'échelle d'une ville et même d'un quartier. Ainsi, les professionnels de la CPTS vont au-devant des patients pour réduire les écarts aux soins, ce qui est très novateur.

> « *En croisant les données du Health Data Hub et celles de l'Insee, la CPTS met en place des actions ciblées, à l'échelle d'une ville et même d'un quartier.* »
>
> Jacques Franzoni

« Nous souhaitons que les professionnels s'organisent entre eux. Chez nous, on a des indicateurs de santé qui ne sont même pas dans le rouge, mais dans le noir », explique Jacques Franzoni.

Le principe est simple : « Si on est très nombreux à donner un petit coup de main, on pourra faire beaucoup. » C'est un cercle vertueux, pour répondre aux besoins de la ville et protéger les Urgences.

Kinés, infirmiers, podologues, diététiciens, dentistes, orthophonistes… « Il nous faut des actions communes. Nous avons donc créé des groupes : un groupe Obésité par exemple, ou encore un groupe Handicap – nous avons travaillé avec l'hôpital sur une cartographie pour que les déficients intellectuels disposent de centres d'accueil adaptés. Nous avons formé 40 professionnels de santé, ainsi que des profs de sport, à l'éducation thérapeutique. »

Du point de vue financier, la structure reçoit des subventions et signe des conventions avec ses membres, qui sont rémunérés soit au forfait, soit par un mécanisme de défiscalisation, en donnant du temps à la CPTS.

La CPTS a également intégré le dispositif du service d'accès aux soins (SAS). « Le Nord est le premier département de France en termes de nombre de rendez-vous donnés par le SAS. Et à la CPTS, nous comptons une vingtaine de médecins qui tous les jours libèrent des plages horaires pour recevoir les patients en soins non programmés. » Là encore, le fléchage se fait en fonction de leur situation géographique.

## Initiative n° 9
## Point Vision

### Techniciens et administratifs en support du médecin

Un rendez-vous dans la semaine : la promesse du réseau Point Vision, cofondé en 2011 par François Pelen avec deux associés, était de rendre plus accessibles les consultations en ophtalmologie.

Pour cela, le groupe actionne deux leviers : il ouvre des centres dans lesquels des paramédicaux (orthoptistes essentiellement) réalisent une première série d'examens avant l'intervention du médecin, ainsi que plus récemment des « postes avancés » dans les déserts médicaux. François Pelen s'est attiré un temps les foudres de l'Ordre des médecins, mais l'entrepreneur est certain de son modèle.

« Notre projet est "patient-centric", explique François Pelen, lui-même ophtalmo et ancien VP en charge du marketing chez Pfizer. C'était devenu compliqué de décrocher un rendez-vous chez l'ophtalmo. C'était cher, aussi. Nous avons ouvert la possibilité de prendre des rendez-vous sur Internet – Doctolib n'existait pas encore – et d'obtenir une date rapidement. »

« Côté médecin, poursuit-il, je trouvais dommage de former quelqu'un dix ans pour qu'il fasse de l'administratif ou pour que les actes techniques, qui par définition peuvent être réalisés par un technicien, lui incombent. Acuité visuelle, prise de tension oculaire, photo de fond d'œil… Si tout cela prend plus de la moitié du temps de consultation de l'ophtalmo, il y a un problème. »

C'est sur ce constat que naissent les premiers centres Point Vision. Début 2023, leur nombre avait dépassé les cinquante. Soit quelque 400 ophtalmos et 1 000 professionnels au total. « Nous avons réduit les délais d'attente de moitié dans les villes où nous nous sommes implantés, reprend François Pelen. Mais ce sont surtout des métropoles et des villes moyennes. Le défi qui nous reste est celui des campagnes, ou plutôt des petites villes comme Auxerre, car il n'y a jamais eu d'ophtalmos dans les territoires ruraux. »

*« Acuité visuelle, prise de tension oculaire, photo de fond d'œil… Si tout cela prend plus de la moitié du temps de consultation de l'ophtalmo, il y a un problème. »*

François Pelen

Dans ces « postes avancés » qu'a expérimentés récemment Point Vision en partenariat avec la Sécurité sociale, pas de médecin en présentiel, mais en téléconsultation. Le patient rencontre un orthoptiste et ce dernier l'oriente ensuite vers l'ophtalmo, si nécessaire. « À Saint-Quentin par exemple, dans l'Aisne, beaucoup de gens avaient renoncé à se faire suivre. Le modèle que nous avons développé leur permet de retrouver un accès aux soins. Mais attention, pour que nous tenions vraiment cette promesse, il ne faut pas que le médecin se trouve trop loin. Sinon, nous savons pertinemment que le patient n'ira pas le voir. Il s'en tiendra là. Nous nous sommes donc fixé la limite d'une heure de route. »

Pour François Pelen, c'est le même problème que l'on rencontre avec les cabines de téléconsultation. « Le médecin à l'autre bout du fil va vous dire d'aller voir un spécialiste si nécessaire, mais vous,

vous êtes là, au milieu d'un supermarché et vous ne le rencontrerez jamais : je n'appelle pas ça assurer la continuité des soins. »

Quelques changements ont été apportés au modèle depuis le départ, notamment pour correspondre aux attentes des salariés quant à leur vie privée. « Nous avions pensé ouvrir les centres entre 8 h et 20 h, mais nous nous sommes aperçus que nos orthoptistes étant à 80 % des jeunes femmes, c'était compliqué pour elles de concilier ces créneaux avec une vie de famille. Aujourd'hui, nous avons des horaires de bureau, mais nous sommes ouverts six jours sur sept et les jours fériés, sur la base du volontariat. »

Les chefs de centre sont des libéraux, à temps plein. Point Vision leur propose une installation clé en main. Les autres médecins sont des salariés qui travaillent autant qu'ils le souhaitent : entre un et cinq jours par semaine. Objectif à moyen terme : que chaque grand centre actuel dispose de deux « postes avancés », soit une couverture du territoire à hauteur de 50 à 70 petites villes.

« Comme tout groupe, nous sommes tenus d'assurer une qualité homogène, conclut François Pelen. Si un seul Point Vision dysfonctionne, l'impact sera négatif pour tous les autres. C'est précisément pour cette raison que nous avons mis en place un protocole organisationnel qui va au-delà des normes ISO et qui est assorti d'une labellisation par Bureau Veritas. »

## Rapprocher les deux jambes du système

Franck Devulder (CSMF) souligne que « huit consultations sur dix sont aujourd'hui faites par un libéral. Je pourrais dire : que fait donc l'hôpital public ? Mais moi, je crois que les deux systèmes sont complémentaires. Une médecine qui marche sur deux jambes, publique et privée, c'est une vraie richesse. Cependant, nous avons aujourd'hui plutôt deux silos que deux jambes. » Son prédécesseur Jean-Paul Ortiz partage ce point de vue : « Il n'y a pas d'organisation cohérente du parcours de soins d'un patient, car les acteurs sont cloisonnés entre eux. L'hôpital vit à l'intérieur de son monde et la médecine de ville à l'intérieur du sien. Notre système marche pourtant sur deux jambes. On a besoin de travailler ensemble, de se répartir la tâche. »

## Initiative n° 10
## À Grenoble, en Isère

### Un « SAS » de sérénité

« Nous avons vraiment créé des liens. » Au CHU de Grenoble, un professionnel raconte comment son hôpital a travaillé de concert avec la médecine de ville pour mettre sur pied le SAS local.

« SAS » pour service d'accès aux soins, un dispositif récent institué par le pacte de refondation des Urgences en 2019 : « Pour le patient confronté à un besoin de soins urgents ou non programmés, et lorsque l'accès à son médecin traitant n'est pas possible, le SAS doit permettre d'accéder, à toute heure et à distance, à un professionnel de santé, explique le site esante.gouv.fr. Le SAS repose sur une collaboration étroite de l'ensemble des professionnels de santé d'un même territoire, qu'ils relèvent de la filière de l'aide médicale urgente ou de celle de médecine générale, de la ville ou de l'hôpital. »

« Nous avons eu la chance d'être l'un des 22 sites expérimentateurs, explique notre interviewé. Au départ, cela a pu paraître un peu compliqué, car nous avons des cultures très différentes : un médecin libéral est très soucieux de son indépendance et de sa liberté d'exercice quand chez nous, à l'hôpital, tout est protocolisé. Il a fallu trouver nos marques pour que chacun des partenaires puisse se sentir à l'aise dans la gestion du projet. On s'est tous ajustés et nous avons trouvé un équilibre dans la collaboration. Le représentant départemental de l'Ordre des médecins nous a bien aidés. Il a été un grand facilitateur. L'ARS au niveau local a été d'une grande aide également, ainsi que la Cpam. Nous avons beaucoup avancé dans la connaissance les uns des autres et nous avons monté une structure qui fonctionne bien. »

Parmi les solutions en cours de test, les visites à domicile d'une infirmière libérale, sur demande du médecin régulateur : « Quand le médecin régulateur estime que l'échange téléphonique ne suffit pas à qualifier l'urgence, dans le doute il préfère faire venir le patient aux Urgences, même si celles-ci sont saturées. Dans ce dispositif, nous essayons de limiter les transferts aux Urgences en nous appuyant sur des infirmiers libéraux mobiles qui se rendent au domicile du patient afin d'évaluer la situation en lien avec le médecin régulateur. À mon sens, c'est un dispositif qu'il faut encourager lorsque les visites médicales à domicile ne sont pas possibles. On est gagnant en évitant des passages aux Urgences. »

> *« Nous essayons de limiter les transferts aux Urgences en nous appuyant sur des infirmiers libéraux mobiles qui se rendent au domicile du patient afin d'évaluer la situation en lien avec le médecin régulateur. »*

Et en effet, à entendre son collègue Guillaume Debaty, chef de service du Samu de l'Isère au CHU de Grenoble, il est plus qu'urgent de mieux flécher les patients. « Ces cinq dernières années, on a vu une vraie cassure. Nous sommes passés de 400 000 appels en 2017, à 600 000 en 2022. Il y a tellement d'appels qui ne relèvent pas d'une véritable urgence que nous avons commencé à nous réorganiser, notamment dans le cadre du SAS dont parle mon collègue. Sur ces 600 000 appels, 60 % se règlent par de simples conseils médicaux… »

« Nous essayons de catégoriser l'appel en 30 secondes, poursuit Guillaume. S'il ne s'agit pas d'une urgence vitale, le patient est transféré vers un généraliste. Il a donc affaire à deux interlocuteurs successifs ; en revanche, cela lui évite de patienter deux à trois minutes au démarrage, avant de joindre un régulateur. Nous avons essayé d'impliquer tous les médecins du département, pour qu'ils ouvrent des plages sur leur calendrier. Ils sont rémunérés 40 euros par consultation. »

Guillaume peine à recruter des urgentistes : « Le Samu est plutôt attractif, mais l'activité aux Urgences fait fuir les jeunes. Voir des patients stagner 48 h sur des brancards, et d'autres qui relèvent de la psychiatrie passer plusieurs jours ici, ça ne fait pas rêver. Aujourd'hui, il manque 40 % de notre effectif médical sur les Urgences et le Samu. »

> *Nous sommes passés de 400 000 appels en 2017, à 600 000 en 2022. Il y a tellement d'appels qui ne relèvent pas d'une véritable urgence que nous avons commencé à nous réorganiser.*
>
> Guillaume Debaty

Parmi les autres expérimentations envisagées à court terme à Grenoble : l'intégration de psychiatres dans les équipes du Samu. Encore faudra-t-il les trouver. « Dans un autre registre, conclut Guillaume Debaty, il faudrait former le personnel des Ehpad, car durant la nuit, nous avons beaucoup d'appels, d'aides-soignantes ou de gardiens, faute d'infirmières sur place. Quand on nous les envoie "pour rien", c'est pire que mieux : ils restent sur un brancard, faute de lit. »

Dernier chiffre, auquel le lecteur pourrait prêter une attention particulière en tant que patient : 10 à 15 % des appelants qui composent le 15 et se voient ouvrir une consultation dans le cadre du SAS… ne s'y rendent jamais. Des « lapins » plutôt rageants, qui désorganisent encore un service bien surchargé.

## Initiative n° 11
## À Montpellier, dans l'Hérault

### Le service de réanimation communique auprès des médecins traitants

La crise de l'hôpital se fait entendre en filigrane dans les récits de tous nos interviewés et elle s'incarne en particulier dans le témoignage de Kada Klouche précédemment cité, professeur au CHU de Montpellier, au service de médecine intensive et réanimation. Le service le plus exposé durant la pandémie : « On a beaucoup donné, on a beaucoup souffert. Mais ceci dit, la dégradation du travail quotidien est bien antérieure : elle est perceptible depuis dix ou quinze ans », explique-t-il.

« Il y a toujours eu des luttes de pouvoir, entre les médecins eux-mêmes, et bien sûr entre l'administration de l'hôpital et les soignants. Cela donne un jeu politique, pour obtenir du matériel et surtout du personnel, dans un climat de réduction constante des budgets. On nous dit qu'il n'y a plus d'argent. Mais nous avons pourtant besoin de médecins, d'infirmières et d'aides-soignantes supplémentaires. »

« Les jeunes médecins demandent une meilleure qualité de vie et des conditions de travail plus saines, ce qui est parfaitement légitime, mais signifie qu'il nous faudrait embaucher plus de monde – ce qui n'est pas possible ! De plus, l'hôpital n'est pas en mesure de leur indiquer une trajectoire de carrière claire. Cela peut les décourager. »

« Sur le plan paramédical, les choses sont encore pires. Les salaires des infirmières sont tout simplement scandaleux : entre 1 200 et 1 500 euros mensuels pour exercer en réa. En fin de carrière, elles plafonnent à 2 300 euros. Elles font pourtant un travail important et même jugé "essentiel" durant la pandémie... On a intégré les grands brûlés dans le service réanimation. Les infirmières autrefois affectées au service des grands brûlés sont arrivées chez nous – mais au passage, elles ont perdu leur prime spéciale, alors qu'elles font toujours le job. Ce sont des pansements qui demandent plusieurs heures et une certaine technicité. De manière générale, l'hôpital essaie de réduire le nombre de lits et le personnel : il demande de plus en plus aux infirmières et aides-soignantes d'être multitâches, de passer d'un service à l'autre : c'est nier leur expertise, qui est réelle. »

« Pris dans cette spirale, l'hôpital public voit chuter son attractivité. Et cela me serre le cœur, car je tiens beaucoup à ce qu'il représente. Pour être parfaitement sincère, je me demande souvent si tout cela n'est pas volontaire. Rien n'est dit, rien n'est verbalisé ni assumé, mais tout se fait comme s'il fallait à terme se débarrasser de nous. »

Quelques lueurs d'espoir cependant. « D'abord, personne n'a baissé les bras, même pendant le Covid. Ça veut dire que les soignants croient encore à leur métier. Ensuite, il reste une petite marge de manœuvre, à l'échelle de nos équipes, pour tenter d'organiser les choses différemment. »

Un très bon exemple : la mise en place d'un système pour prévenir le médecin traitant dès qu'un patient arrive en réanimation. « Un courrier de liaison lui est envoyé aussitôt et ensuite nous l'appelons au moins une fois par semaine pour lui donner des nouvelles. »

> *« Personne n'a baissé les bras, même pendant le Covid. Ça veut dire que les soignants croient encore à leur métier. Ensuite, il reste une petite marge de manœuvre, à l'échelle de nos équipes, pour tenter d'organiser les choses différemment. »*
>
> Kada Klouche

Cela peut sembler anecdotique, mais ça ne l'est pas du tout. « Quand un généraliste apprend par la famille du patient que celui-ci a été hospitalisé en réanimation, ça le place dans une situation inconfortable. Surtout quand c'est plusieurs semaines plus tard et que la famille pose des questions auxquelles le médecin ne peut pas répondre, faute d'avoir été tenu au courant. »

Pour assurer ce service qui recrée un lien (et un courant d'information) entre la ville et l'hôpital, il ne faut « que » de la bonne volonté et l'organisation d'une nouvelle routine. « Sans ce type d'initiative, le généraliste ressent, fort légitimement, une scission : son patient entre à l'hôpital et il n'entend plus parler de lui jusqu'à ce qu'il ressorte, trois mois plus tard. »

## Repenser la sélection et la formation

### Initiative n° 12
### En France entière

#### Un faisceau de convictions

Quand on interroge le terrain, le sujet de la formation arrive sur la table assez rapidement, en particulier celui de la formation continue. Pas facile de préserver du temps et de l'énergie pour se tenir à jour et continuer à apprendre, une fois qu'on prend son poste.

Certains, comme Philippe Levisse à Calais, en ont pourtant fait un motif récurrent de leur carrière, mais ils sont assez rares. Philippe a vécu plusieurs vies de médecin : généraliste, en solo puis en MSP, avant de devenir psychiatre en 2010. « J'étais de cette génération qui faisait tout en médecine générale. Sauf les accouchements, quoique j'en aie fait une fois dans la rue, dans le cadre des sapeurs-pompiers. J'ai accouché une petite fille en siège. C'était très important pour moi de tout comprendre, de toucher à tout : des doigts de pied jusqu'au cerveau… Alors, je me formais régulièrement, notamment dans le cadre de MG France. Mon groupe de formation était très centré sur le partage entre pairs. On discutait de cas cliniques, on n'attendait pas la bonne parole d'un professeur ou celle d'un laboratoire pharmaceutique. On essayait de faire quelque chose d'interactif aussi, pour changer de l'enseignement universitaire. »

La question de la formation se pose également lorsque les établissements de santé, peinant à recruter, embauchent à la hâte des intérimaires aides-soignants, infirmiers ou manipulateurs en radiologie, comme c'est le cas dans cet hôpital de région parisienne : « Chez nous, témoigne un manipulateur radio, les vacataires représentent environ 50 % des effectifs. Leur compétence technique est avérée, mais ils arrivent sans aucune instruction préliminaire sur le contexte du service et de l'hôpital. Les personnels hospitaliers en poste font alors office de référents auprès de ces personnels de passage sans cesse renouvelés, sans en avoir ni mission, ni légitimité, ni reconnaissance. Cette situation génère un surcroît de travail et de stress. »

Tout commence en réalité dès la sélection des soignants, en formation initiale. « On fait passer des tests de personnalité aux gendarmes, aux pilotes de ligne, et pas aux médecins ? », s'étonne Martin Winckler, médecin et écrivain.

« Sélectionner les étudiants en fonction de leur empathie, ça ne me paraît pas absurde, s'esclaffe Philippe Levisse. Actuellement, on est sur une sélection basée sur le cognitif pur : ils sont capables de réciter par cœur le cycle de Krebs, mais est-ce que ça fait d'eux de bons médecins ? »

> *On est sur une sélection basée sur le cognitif pur : ils sont capables de réciter par cœur le cycle de Krebs, mais est-ce que ça fait d'eux de bons médecins ?*
>
> Philippe Levisse

**Des humanistes et des acteurs de terrain**

Jean-Paul Ortiz (CMSF) tire le fil : « Nous sommes sur une médecine très technique. Nous avons beaucoup investi dans l'imagerie médicale, la biotechnologie… Mais je pense que le métier de demain va se recentrer sur la coordination et sur l'accompagnement. Cela signifie que nous, médecins, devrons être beaucoup plus empathiques. Personnellement, cela me convient très bien, mais je suis un peu inquiet pour les jeunes générations. Je trouve dommage qu'on sélectionne les futurs médecins sur des mathématiques et de la physique. Dans les facs de médecine, on pourrait envisager des jeux de rôle, avec des acteurs professionnels, pour apprendre l'écoute. Cela passe aussi bien sûr par une formation sur le terrain. Il faut envoyer les étudiants dans les Ehpad et dans les cabinets de ville. C'est comme cela que j'ai appris moi-même. Un patient, ça se sent, au sens propre comme au sens figuré. »

Martin Winckler, lui, imagine volontiers les étudiants en médecine de première année faire un stage de trois mois en tant qu'aides-soignants, à l'image du stage ouvrier en école d'ingénieur. « Ils seraient notés par les collègues aides-soignants et par les patients – et ça compterait dans leur cursus. Finalement, tout dépend de ce qu'on choisit de valoriser. »

Chez France Assos Santé, même ambiance. Gérard Raymond aspire à ce qu'on forme des « humanistes ». « Les médecins sont formés à devenir des ingénieurs du corps ; ils soignent un foie, un rein, un doigt… plutôt qu'une personne souffrant du foie, du rein, etc. Les doyens commencent à nous écouter un peu, mais il reste du chemin à parcourir. »

« C'est important de lutter contre le morcellement du savoir, estime Boris Cyrulnik. Nous nous sommes récemment débarrassés du dualisme : le corps d'un côté, l'âme de l'autre. Comme si soigner l'un ou l'autre isolément pouvait tout régler. »

### Une carence fait l'unanimité : le management

Parmi les disciplines qu'il serait bon d'ajouter en formation initiale, la plus souvent citée est le management. « Ma fille est en troisième année de médecine, elle passe son temps à apprendre des choses par cœur, encore plus qu'une première année, raconte l'un de nos interviewés. Ce n'est pourtant pas en remplissant des QCM qu'elle va savoir manager des infirmières et des aides-soignants. »

« C'est un symptôme grave, estime Gérard Raymond. Il n'y a pas de management à l'hôpital. On ne sait pas manager une équipe. Que fait l'École des hautes études en santé publique ? »

Ce n'est pas Philippe Levisse, psychiatre à l'hôpital de Calais, qui dira le contraire : « La hiérarchie hospitalière est calquée sur l'armée, enfin l'armée en temps de paix, car en temps de guerre, tu peux encore espérer des médailles. Quand j'étais chef de pôle, j'ai réussi à recruter mes cadres infirmiers. Ce n'est pas courant, pourtant c'est important. Si vous avez quelqu'un qui n'a aucun sens humain, qui ne déboule que pour engueuler tout le monde, qui ne sait pas gérer une équipe, vous n'irez pas loin. Pour me remplacer, même chose : j'ai pu choisir un chef de pôle pétri d'humanité, il venait de la base. C'est difficile de créer une cohésion d'équipe médicale, il faut placer aux commandes quelqu'un de fédérateur, d'organisé, capable à la fois de mettre la main à la pâte et de déléguer. »

### Innovation et formation

Certains métiers appellent des formations très régulières, parce que les technologies et le matériel évoluent rapidement. C'est le cas des pharmaciens hospitaliers. Au CH Sud Francilien de Corbeil-Essonnes, Céline Morena a pourtant du mal à trouver le temps de se former (et du mal aussi à trouver le sommeil) : depuis le Covid, les ruptures en produits pharmaceutiques sont pluriquotidiennes et mettent en péril l'activité de l'hôpital.

« Quand je dis que je suis pharmacien hospitalier, on pense aux médicaments, mais moi j'ai fait le choix de cœur de travailler sur les dispositifs médicaux stériles : implants de cataracte, prothèses, pansements, seringues, lignes artérielles et veineuses pour générateur de dialyse… C'est extrêmement varié, il n'y a pas de routine. Il faut se remettre en cause, comparer les produits, assurer une veille technique. »

« Depuis que j'ai changé d'établissement, poursuit-elle, il a fallu développer de nouvelles connaissances. Par exemple, dans ma structure précédente, on ne faisait pas de dialyse. Je travaille dix à onze heures par jour. Nous ne sommes que deux pharmaciens sur le secteur des dispositifs médicaux pour 1 100 lits et une centaine de services. »

Et les problèmes d'approvisionnement ont tendance à prendre toute la place, empiétant sur la volonté de construire et de s'impliquer dans des projets de fond. « Dans nos métiers, on a toujours géré les ruptures. Mais depuis le Covid, c'est autre chose. C'est catastrophique. C'est ultra-stressant. On passe pratiquement un mi-temps à gérer les ruptures, à relancer les fournisseurs et à tenter de trouver des solutions alternatives. On ne sait jamais ce qui va coincer. Récemment, les agrafeuses à peau, obligeant à repasser aux fils de sutures… Les emballages de stérilisation, aussi. Contrairement aux médecins, nous n'avons pas une obligation de moyens, mais de résultats : il faut qu'on trouve des solutions. »

Dans ces conditions, les 12 jours annuels prévus pour la formation ont tendance à passer au second plan, et Céline le regrette : « Ce sont 12 jours où on est absent du service, il y a un vrai impact sur l'activité. J'essaie chaque année d'aller à deux congrès auxquels je tiens, sur les dispositifs médicaux et les pansements… quatre jours de formation pas toujours possibles à prendre. »

## Réconcilier l'administration et les soignants

### Initiative n° 13
### À Angers, dans le Maine-et-Loire

La « guerre civile » entre soignants et administratifs à l'hôpital, on l'a vue affleurer tout au long de cet ouvrage. Dans notre système de santé, il existe cependant un type d'établissement qui place un médecin aux commandes : les centres de lutte contre le cancer (CLCC), comme au Cancéropôle du Grand Ouest, à cheval entre Nantes et Angers (lire ci-dessous).

« J'ai exercé en CLCC, explique un professionnel du Sud-Est. On avait pour directeur un professeur de médecine, entouré d'un staff de quatre à cinq médecins. Un secrétaire général, directeur d'hôpital, intervenait sur la gestion administrative, financière, technique, logistique, les ressources humaines… Je ne sais pas si le modèle des CLCC est transposable à l'hôpital, parce que les CLCC ne traitent qu'une seule pathologie : le cancer. »

« À l'hôpital, on prend en charge le cancer, mais pas seulement. Il peut y avoir des arbitrages, des choix stratégiques de développement d'activité à faire entre différentes spécialités. L'hôpital doit composer entre ses différents pôles d'excellence. Avec une exception notable : la crise du Covid, qui a prouvé combien il était plus simple de gérer un centre mono-pathologique. Étant donné que toute l'activité de l'hôpital, sauf la cancérologie et les pathologies graves, avait été déprogrammée et que seuls des cas de Covid arrivaient aux Urgences, il y avait une grande fluidité. Aujourd'hui, on doit composer à nouveau, dans un contexte contraint (crise de recrutement des soignants, manque de lits, manque de places au bloc) entre patients programmés et patients non programmés, entre les différentes spécialités. Pendant la crise, nous nous étions tous mis au service des équipes, avec une activité réduite ou quasi réduite aux patients Covid. »

#### Le modèle des CLCC

Alain Morel est biologiste moléculaire à l'Institut de Cancérologie de l'Ouest (Angers et Nantes). Son analyse rejoint la précédente. « Il semble en effet que les choses se passent mieux dans les centres de lutte contre le cancer que dans les CHU, confirme-t-il. C'est sans doute plus facile, car nous sommes focalisés sur une même pathologie, alors qu'au CHU, les médecins sont catégorisés par type d'organe. Un médecin en pneumologie peut faire de la cancérologie, mais aussi soigner des tuberculoses, une insuffisance respiratoire… Dans les CLCC, quel que soit l'organe touché, on s'oriente vers une prise en charge globale du patient. »

Autre distinction, et non des moindres : les CLCC sont des institutions privées à but non lucratif. « Ce n'est pas un modèle de fonctionnariat comme au CHU. Du chirurgien à l'administratif en passant par l'aide-soignante, les centres ont une gestion RH proche de celle d'une entreprise. Ils sont mieux placés pour recruter : les anesthésistes par exemple deviennent rares, mais les centres peuvent s'adapter d'un point de vue salarial. Ils peuvent aussi se défaire de certains collaborateurs, y compris les médecins. »

« Les collaborateurs à l'inverse ont eux aussi la liberté d'aller ailleurs, alors que les fonctionnaires restent en place, même s'ils sont un peu malheureux. Quitter un poste de fonctionnaire, ça engage très lourdement. »

Les CLCC offrent un intéressement au résultat. « C'est l'esprit d'entreprise, alors qu'au CHU, les services se retrouvent en concurrence, pour récupérer le plus possible de personnel et de matériel nécessaire à leur activité. Un service de neurologie et un service de pneumologie qui font de la cancéro entrent en concurrence. C'est sans doute pour cela que dans certains hôpitaux ont été développés des pôles de cancérologie : une espèce de CLCC en fait, à l'intérieur des hôpitaux. »

Alain Morel souligne combien la charge administrative s'est alourdie « en l'espace de vingt ans », même dans son CLCC. « On multiplie les étages et les niveaux administratifs. La transmission entre l'administration, les personnels de santé et le patient s'est compliquée, les procédures se sont additionnées au fil du temps. Certaines sont légitimes, pour des raisons de sécurité médicale et numérique notamment, mais d'autres sont… vraiment curieuses ou mal expliquées, et c'est un danger. Les CLCC en France ont été un exemple pour les États-Unis, en raison de leur capacité de flexibilité et d'innovation. Il serait souhaitable qu'ils ne perdent pas cet atout, qui favorise la prise en charge des patients. »

Le mot de la fin sera pour notre directeur d'hôpital du Sud-Est : « Nos médecins au CHU de toute façon ne semblent pas enclins à adopter le modèle des CLCC ; ils veulent le pouvoir, mais pas un médecin nommé. Ils préféreraient un médecin élu. »

> *« Moi, je crois qu'on ne peut pas gérer un établissement avec des élections ! On s'expose sinon à des mesures de court terme, électoralistes. »*

## Initiative n° 14
## À Rennes, en Ille-et-Vilaine

### EHESP : les projets de la nouvelle directrice

L'EHESP (École des hautes études en santé publique), souvent surnommée « École de Rennes », est l'une des trois grandes écoles françaises de la fonction publique : elle est spécialisée dans la formation des cadres de santé.

Dans notre échantillon d'interviewés, on nous a rarement dit du bien de l'école. Au contraire : pour les soignants, globalement c'est l'ennemi désigné. Certains affirment même que pour améliorer le système de santé, il faudrait tout simplement la fermer.

L'EHESP produirait « des directeurs d'hôpitaux qui relèvent plus des hôteliers que des managers », « des cadres qui peuvent passer vingt ans sans voir un patient » ou encore « une caste de fonctionnaires qui se serrent les coudes entre eux, au détriment de ceux qui bossent vraiment ».

Cependant, l'École de Rennes pourrait être « un levier extraordinaire de changement », comme le souligne Viviane Kovess-Masfety, psychiatre et épidémiologiste, qui y a donné des cours et dirigé un département – et qui regrette de ne pas voir ce levier mieux utilisé.

Elle estime que l'EHESP est « l'un des meilleurs lieux pour changer la pratique en santé en France, car tout le personnel sanitaire y passe. L'école forme tous ceux qui irriguent le secteur sanitaire français, tous ceux qui prennent des décisions. Encore faut-il l'utiliser pour apporter une vraie formation universitaire, c'est-à-dire un esprit rigoureux basé sur les données scientifiques et un peu de recherche, même et surtout appliquée. Les étudiants, une fois qu'ils ont réussi le concours, sont très souvent en stage où ils apprennent des choses concrètes et des manières de faire. Finalement, ils passent peu de temps sur des formations théoriques. »

Autre enjeu : repenser la sélection à l'entrée. « Quel type de profils veut-on privilégier ? Une expérience, certes très ancienne et peut-être obsolète, m'a montré que les critères lors des entretiens oraux n'étaient pas clairs : veut-on des créatifs, des innovateurs ou au contraire des fonctionnaires bien "formatés" ? Les deux sont-ils compatibles ? »

Viviane Kovess-Masfety a fait venir dans l'école des patients qui avaient été hospitalisés en psychiatrie pour des troubles graves, dans le contexte d'un enseignement de quelques jours sur « les fondamentaux en psychiatrie » destiné à tous les élèves. « Cela a été chaque année une expérience inoubliable. » Elle a pu publier sur les effets de ces rencontres sur la stigmatisation des malades mentaux par les élèves. « Ce qui marche le mieux, pour faire bouger les lignes, c'est de rencontrer des patients et constater que ce sont des personnes comme les autres, mais qui ont des mauvais moments. Tout le reste est de la littérature. »

### Une médecin aux commandes

À Rennes, c'est une nouvelle directrice qui vient d'arriver à l'EHESP. Isabelle Richard a pris la direction de l'école en octobre 2022. Elle débarque en terrain complexe, parfaitement consciente des luttes qui opposent les soignants aux administratifs.

Elle-même est médecin (professeur de médecine physique et réadaptation, ex-professeur des universités-praticien hospitalier ou PUPH) et a formé précédemment des professionnels de santé. Ancienne vice-présidente de l'Université d'Angers, elle attache une grande importance à la recherche. Elle relativise les embûches de son poste : « Ce qui est difficile, si vous voulez mon avis, c'est d'être aide-soignante en Ehpad. »

« Je suis passionnée par la façon dont on peut faire travailler ensemble des gens qui ne pensent pas de la même façon. Mon objectif n'est pas de réduire l'écart entre eux, mais plutôt de favoriser la "biodiversité". Si l'on est tous formés dans le même moule, on restreint la capacité d'innovation. »

De 2017 à 2019, Isabelle Richard était conseillère en charge des questions de santé et de formation auprès de la ministre de l'Enseignement supérieur, de la Recherche et de l'Innovation, Frédérique Vidal. « Nous avons notamment travaillé sur les formations des IPA. » Conseillère d'État en service extraordinaire, de mai 2020 à octobre 2022, à la section sociale, elle s'intéresse ensuite au Code de la santé publique.

> « *Mon objectif n'est pas de réduire l'écart entre soignants et administratifs, mais plutôt de favoriser la "biodiversité". Si l'on est tous formés dans le même moule, on restreint la capacité d'innovation.* »
>
> Isabelle Richard

« À l'EHESP, explique-t-elle, nous formons les futurs fonctionnaires de 13 filières de la fonction publique, dont les directeurs d'hôpitaux qui sont là pour deux ans. Nous disposons d'un temps court, pour une formation polyvalente. Il est donc important de bien prioriser les enseignements. »

**Enjeux climatiques et numériques**

Santé publique, épidémiologie, RH, finance, logistique, système d'information : les disciplines ne manquent pas et Isabelle Richard entend leur donner une inflexion universitaire, en s'appuyant notamment sur « nos chaires de recherche, notamment en économie et management des établissements de santé ».

Elle affirme aussi qu'elle ouvrira plus largement qu'actuellement l'école aux enjeux actuels de changement climatique et de résilience du système de santé : « L'activité hospitalière est très consommatrice d'énergie et les hôpitaux sont souvent de gros employeurs locaux. Comment réduit-on l'empreinte carbone des activités de santé ? Comment peut-on accompagner les collaborateurs vers des mobilités douces compatibles avec leurs horaires ? »

« Diriger un hôpital, ce n'est pas un métier facile tous les jours, poursuit-elle. Le module management est déjà au cœur de la formation, il n'est pas nécessaire de le renforcer en volume, mais plutôt de l'articuler aux défis actuels et de proposer en formation tout au long de la vie des communautés de pratiques. C'est important quand on est manager de partager son expérience avec ses pairs. »

Le nœud du problème, et la nouvelle directrice ne le nie pas, reste la confrontation entre personnels soignants et administratifs.

« C'est un problème majeur et il n'est pas suffisamment traité. Nous allons essayer de faire mieux, en rapprochant ces deux mondes. Il faut que chacun comprenne la langue de l'autre. Cela passe par le développement de formations destinées aux soignants, dans nos murs. Ces formations consacrées au management existent et ont beaucoup de succès. »

Et *vice versa* : « Nous sommes aussi en train de renforcer la formation des futurs directeurs aux questions d'organisation des soins. Il nous incombe de créer un espace de porosité entre les deux cultures. »

Pour aller plus loin, pourquoi ne pas créer des formations communes ? Le projet est lancé. « La question du changement climatique, par exemple, s'y prête bien. Il faut trouver des terrains nouveaux comme celui-là, tout en ne craignant pas de s'approcher des sujets conflictuels. » En réalité, estime Isabelle Richard, l'hôpital par sa nature de service public nécessite les compétences de deux types de professionnels : « Il y a d'une part les soignants de l'individu (les professionnels de santé), et d'autre part les soignants du collectif : ce sont les fonctionnaires que nous formons. Les tensions entre logique individuelle et collective sont structurelles, inévitables et elles doivent être mises en mots et en actions. Mais il n'y a pas un gentil soignant et un vilain administratif, ni le contraire. Chacun apporte sa compétence, fait son métier, au service de la santé. »

Parmi les autres projets en cours : faire intervenir des représentants des patients, même s'ils ne sont « pas toujours faciles à mobiliser ou pas toujours formés à ce type d'échanges ». « On ne le fait pas assez et cela envoie donc le message que ce n'est pas si important que ça. C'est très clairement une piste d'amélioration. » Les hôpitaux ont en effet des patients qui siègent à leur conseil de surveillance et ils manquent parfois de candidats. L'amélioration de la démocratie sanitaire passe aussi par la formation des patients.

La nouvelle directrice souhaite renforcer également la place du numérique : « Là non plus, on n'en fait pas assez. D'autant que presque tous nos étudiants sortent de formations en sciences politiques, droit, économie, gestion… Leurs connaissances technologiques sont réduites et le numérique ne figure pas dans leurs centres d'intérêt spontanés. Nous n'échappons pas au sujet général de la formation scientifique des Français et des élites françaises. Mais ce n'est pas une raison pour ne rien faire. En termes de cybersécurité notamment, il faut prendre les choses en main. Nous pourrons bénéficier des équipes de l'Université de Rennes, bien placées sur ce sujet. Je veux travailler aussi sur l'intelligence artificielle et sur la *data science* : là encore, nous avons de solides ressources locales, avec le groupement des Hôpitaux Universitaires du Grand Ouest (HUGO) et son entrepôt interrégional de données de santé. »

## Maîtriser et adopter le numérique

Le samedi 20 août, le Centre Hospitalier Sud Francilien est victime d'une cyberattaque. Céline Morena, pharmacien de l'hôpital, nous raconte : « Du jour au lendemain, on perd totalement toutes nos données informatiques, on perd une mémoire. On est obligé de trouver des solutions, de les inventer au quotidien pour continuer à travailler. Il faut inventorier tous les médicaments et dispositifs médicaux que seul le logiciel serait capable de retrouver dans les armoires automatisées. On ne peut plus passer de commande informatique aux fournisseurs et donc on revient au papier. Cinq mois après l'événement, certains services travaillent toujours sur du papier. À la pharmacie, il nous a fallu un mois et demi pour récupérer tous nos logiciels et l'ensemble du système d'information de l'hôpital ne sera pas reconstruit avant le dernier trimestre 2023. »

Sur le terrain, le numérique ressemble de prime abord plutôt à un problème qu'à une solution. Les cabines de télémédecine sont globalement rejetées par les soignants. Et l'informatique en général est plutôt associé à une contrainte : « Dossier partagé, observation médicale, tout a été informatisé ; le temps qu'on passe devant l'ordinateur a explosé, relève d'abord Kada Klouche, au CHU de Montpellier (service réanimation). Mais c'est de notre faute, en réalité. On n'est pas obligé de tout noter, de remplir toutes les cases, comme le suggèrent nos logiciels. Personnellement, je lutte contre ce phénomène. Quand un senior entre dans notre service, vous pouvez être sûr que l'interne, pendant une heure, vous ne le trouvez pas. Il est devant l'ordinateur. Il consigne. »

Quant au codage et au PMSI (programme de médicalisation des systèmes d'information : recueil de données liées aux hospitalisations), Kada Klouche se réjouit de les voir confiés aux équipes du département de l'information médicale (DIM). « On y passait une demi-heure à chaque sortie de patient. Les collègues du DIM le font pour nous, ils codent à partir des informations du compte-rendu. Sinon, votre travail de tous les jours est dévoré par ces aspects annexes. Dans les cliniques privées, vous avez des collaborateurs qui sont embauchés pour ne faire que ça. »

Par ailleurs, il estime que l'intelligence artificielle va complètement modifier son métier : « Ça va être terrible, mais je ne sais pas encore dans quel sens. Par exemple, nous menons une étude à partir des relevés des infirmières pendant la journée : le patient était-il agité, hypotendu, etc. ? Nous essayons de voir si les mots clés qui se répètent dans les relevés peuvent conduire à une alerte pour tel ou tel patient. C'est positif, mais cela soulève aussi le risque de robotisation des soignants si c'est un algorithme qui analyse des données et prend une décision thérapeutique. Même chose pour les infirmières : on pourrait imaginer les remplacer par des robots équipés de capteurs. Mais la médecine n'est pas une science précise : en cela, l'intelligence artificielle n'est pas la solution à tout. »

« Nous ne sommes pas loin de l'oncologie prédictive, indique de son côté le sociologue Michaël Dandrieux (Sciences Po) : vous aurez à 45 ans un cancer du côlon, avec 2 % de chances de survie. La question est la suivante : est-ce que le fait de connaître ce pronostic vous rend la vie meilleure ? Est-ce une bonne idée d'annoncer ce genre de choses aux patients ? Si les années qui nous séparent de la mort sont vécues dans le désespoir, alors poser ce diagnostic peut inviter la maladie psychique dans une vie autrement innocemment vécue. »

“ *Vous aurez à 45 ans un cancer du côlon, avec 2 % de chances de survie. La question est la suivante : est-ce que le fait de connaître ce pronostic vous rend la vie meilleure ?* ”

Michaël Dandrieux

## Initiatives n° 15
## À Saint-Paul-de-Fenouillet, dans les Pyrénées-Orientales

### Le partage du dossier patient, un déclencheur

Christian Vedrenne a créé la maison de santé pluriprofessionnelle de Saint-Paul-de-Fenouillet, dans les Pyrénées-Orientales, et il est formel : c'est la technologie, en l'occurrence *via* le partage informatique du dossier patient, qui est venue remettre en cause de façon salutaire la culture du secret entre médecins.

« Avant de fonder la MSP, tous les médecins de la vallée utilisaient déjà le même logiciel médical. On s'était regroupés pour avoir un prix. Il n'y avait donc pas de barrière technique à la mise en commun des dossiers patients. En revanche, il existait de grandes barrières culturelles et pour certains, ça n'a pas été sans mal ! J'ai ouvert la

MSP avec des médecins qui étaient mes aînés de dix ans, qui avaient toujours travaillé chez eux, dans l'ombre. Pour eux, qui avaient bien connu le temps de la concurrence entre médecins, autant confier ses plans à son pire ennemi. J'avoue que je me suis un peu arraché les cheveux… mais ça a fini par être réglé. »

L'intérêt a fini par l'emporter : « C'est tellement plus simple quand vous remplacez un confrère, ou quand vous demandez à un interne de prendre le relais… J'ai choisi également de partager les données avec les infirmières. Toutes les données. Pour moi, elles doivent avoir tous les accès, notamment la sérologie HIV, pour leur propre sécurité. »

À l'époque pourtant (2012), en France, le partage des droits d'accès ouvre des débats houleux. L'équipe de Christian Vedrenne compte clairement parmi les plus progressistes. « Quand on fait confiance aux autres, ils vous le rendent. La confiance est primordiale pour le travail d'équipe. J'ai pourtant eu du mal au début à convaincre les infirmières elles-mêmes, car elles avaient une sainte horreur de l'informatique, qu'elles associaient aux procédures de la Cpam. Mais ensuite, j'ai eu un retour excellent, qui a permis d'avancer à toute allure. »

Sans cette informatique partagée, sans les logiciels, Christian Vedrenne estime qu'il n'aurait pas réussi aussi vite l'exercice coordonné, la collégialité qui règne dans sa MSP. « Honnêtement, sans système d'information partagé, c'était impossible. »

Les récentes évolutions du dossier médical personnel (DMP) ont encore amélioré la donne. « C'est hyper important. Pendant des années, on nous a dit : vous le remplissez bénévolement, vous faites tout le boulot. Là, on nous rémunère pour ce travail, avec la CIM-10, et on nous a fourni des logiciels qui fonctionnent : en un clic, vous entrez tout ce qu'il faut dans le DMP. »

*« Sans cette informatique partagée, sans les logiciels, Christian Vedrenne estime qu'il n'aurait pas réussi aussi vite l'exercice coordonné, la collégialité qui règne dans sa MSP. »*

## Initiative n° 16
## À Valenciennes, dans le Nord

### De la data et de la dentelle

Jacques Franzoni, coprésident de la CPTS de Valenciennes, travaille avec une start-up, KanopyMed, pour extraire des données du Health Data Hub et de celles de l'Insee, des cartographies à l'usage des soignants.

« Nous avons demandé une extraction des cas d'insuffisance cardiaque, de BPCO (bronchopneumopathie chronique obstructive), de diabète et des principaux cancers. Quand on pose tout ça sur une carte, on se rend bien compte des priorités. »

Les résultats peuvent être affinés avec une précision bluffante : « Par exemple, reprend Jacques Franzoni, on voit qu'en termes de surveillance de base du patient diabétique, on a entre un patient sur trois et un patient sur dix, sur une vingtaine de communes, qui ne fait aucun bilan sanguin d'hémoglobine glyquée. Si vous corrélez cela avec le niveau de vie, vous voyez des schémas se dessiner et vous avez une bonne idée de ce qu'il faudrait faire. »

> “ *Nous avons demandé une extraction des cas d'insuffisance cardiaque, de BPCO (bronchopneumopathie chronique obstructive), de diabète et des principaux cancers. Quand on pose tout ça sur une carte, on se rend bien compte des priorités.* ”
>
> Jacques Franzoni

Les cartes de Jacques et son équipe permettent d'organiser des actions de prévention ciblées. « La Cpam, par exemple, forme des ambassadeurs pour aller sur ces territoires-là mener des campagnes de dépistage. Nous faisons des cartes pour les infirmiers, les pharmaciens… Pour tous les acteurs locaux susceptibles de faire bouger les lignes. L'objectif, c'est d'aller dans la dentelle et dans les quartiers les plus lointains, pour récupérer ces patients et améliorer l'offre de soins. Nous mobilisons les moyens de communication de la Cpam, de l'URPS (Union Régionale des Professionnels de Santé), de la CPTS pour toucher le plus grand nombre d'acteurs de santé. »

## Initiative n° 17
## À Paris

### PariSanté Campus et Future4Care, une offre et des convictions

Il existe des start-up en santé – beaucoup, même. Elles ont levé en France 2,3 milliards d'euros en 2021, selon les chiffres de France Biotech. Pour la très grande majorité d'entre elles, elles ne soignent pas : elles proposent des solutions en support des soins. C'est le cas, par exemple, de Resilience Care, fondée par Céline Lazorthes (petite-fille du neurochirurgien Guy Lazorthes et fondatrice de Leetchi) et Jonathan Benamou, entrepreneur lui aussi, à l'initiative du collectif « Protège ton soignant » pendant le Covid. Resilience Care « accompagne patients et médecins à chaque étape du parcours de traitement du cancer », grâce à une application mobile et un outil de télésurveillance pour une prise en charge à distance.

Autre exemple : CorWave, à Clichy, développe des pompes cardiaques implantables innovantes « basées sur une technologie de rupture : la membrane ondulante ». CorWave fait partie de l'indice French Tech 120, qui regroupe 120 start-up et scale-up françaises en capacité de devenir des leaders technologiques de rang mondial.

Nous pourrions allonger cette liste pendant des heures. Bienvenue dans la *start-up nation* ! Les professionnels que nous avons interviewés nous ont, spontanément, assez peu parlé de cet aspect-là. Pourtant, l'offre est conséquente.

Agnès De Leersnyder est la dirigeante de Future4Care, « accélérateur européen de start-up en e-santé » ouvert en 2021 par Sanofi, Capgemini, Generali et Orange, qui accompagnait 35 start-up début 2023. Elle est convaincue que le numérique constitue un double levier d'amélioration : pour le quotidien des soignants et celui des patients.

« Le numérique peut changer à moindres coûts l'organisation du système de soins, il peut libérer de l'argent et du temps, affirme-t-elle. Un exemple : la start-up RDS, hébergée chez nous et dirigée par Elie Lobel, a miniaturisé l'écran de monitoring de la chambre d'hôpital en un patch collé sur la nuque du patient, qui tient dix jours. Grâce à cinq capteurs, ce patch permet la mesure en temps réel d'une dizaine de paramètres cardiorespiratoires vitaux et les transmet en continu aux équipes soignantes *via* une connexion par smartphone. »

Concrètement, le mini-patch permet aux patients de retourner chez eux et libère des lits. RDS vend sa solution directement à l'hôpital.

« Ce cas d'usage résume toute la promesse du digital, poursuit Agnès De Leersnyder. Il reste néanmoins beaucoup de freins, à commencer par les craintes opérationnelles liées aux problèmes de communication (interopérabilité) entre les différents systèmes. Et bien sûr, la barrière psychologique que j'ai rencontrée dans toutes les industries, l'édition, la musique, etc. Notamment la crainte de voir les données de santé exposées. Cette angoisse-là, je pense qu'il ne faut pas la balayer, mais y répondre. »

La patronne de Future4Care estime enfin que le numérique, grâce au partage d'informations, permet de lutter contre les maladies rares et l'errance diagnostique. Il est aussi l'allié de la prévention : « Les patients peuvent être suivis dans le temps, sur tous les aspects de leur santé. À mon sens, il est même dommage qu'on n'ait pas encore lancé le dossier patient numérique pour les nourrissons, dès la sortie de la maternité ! »

### Un espace de naïveté et de liberté

Au sein de PariSanté Campus, Antoine Tesnière, professeur d'anesthésie-réanimation à l'AP-HP, plaide lui aussi la cause du numérique avec énergie. « Aujourd'hui, le progrès médical est poussé par l'accélération du numérique. La vocation de notre campus est de créer un écosystème pour réunir des professionnels de compétences complémentaires, qui ne se seraient sans doute pas croisés ailleurs, car pour avancer dans ce domaine, nous avons besoin de confronter des regards, nous avons besoin d'une forme de naïveté et d'un espace de liberté et d'expérimentations. »

« Face au numérique, je vois principalement deux réactions autour de moi, poursuit Antoine Tesnière : il y a ceux qui ont compris et s'engagent, et qui seront porteurs de solutions. Et ceux qui sont plutôt dans le rejet et la désorientation, car le numérique transforme vite leur métier. Le numérique peut être perçu comme une contrainte supplémentaire avant d'être accueilli comme une solution, et c'est cela que nous devons particulièrement accompagner. »

« Il y a un coût d'entrée, mais le bénéfice *in fine* est évident. De nombreux exemples le démontrent : par exemple, le dossier informatisé bien sûr, qui permet un meilleur partage d'informations entre professionnels, mais aussi la création de boucles automatisées d'administration de médicaments, la télémanipulation en chirurgie, ou encore la détection des cancers du sein. Sur l'analyse d'imageries, la performance des algorithmes arrive déjà, dans les analyses répétitives, au niveau de celle de l'expertise humaine. Demain, la meilleure performance sera la combinaison d'analyse algorithmique et d'analyse humaine notamment, car l'œil humain détecte 11 niveaux de gris sur les images, contre plus de 1 000 pour la machine. Sans parler de nos capacités cognitives, s'il s'agissait de comparer des centaines de milliers d'images. »

*« Demain, la meilleure performance sera la combinaison d'analyse algorithmique et d'analyse humaine notamment, car l'œil humain détecte 11 niveaux de gris sur les images, contre plus de 1 000 pour la machine. »*

Antoine Tesnière

Antoine Tesnière attire notre attention en particulier sur la *data science*. « Nous avons longtemps eu une logique réactive. Demain, il faudra adopter une logique anticipative, pour faire de la prévention, dans une approche territoriale ou populationnelle très fine. J'y vois un enjeu majeur en termes de santé publique. Nous avons eu de nombreux exemples de l'impact de ces approches dans la gestion de la crise du Covid. Et cela peut par ailleurs permettre de réguler considérablement nos dépenses. »

Pour progresser en la matière, deux consignes – qui peuvent sembler contradictoires : humilité et ambition. « Il faut rester humble, conclut Antoine Tesnière. Car nos outils sont les mêmes que pour la gestion des trains ou les prévisions d'embouteillages sur la route des vacances. Les modèles de prédiction sont similaires, à nous de savoir les adapter. Et puis, la *data science* permet de sortir de l'idée que seul le professionnel de santé est le sachant… Elle nous remet à notre place. Mais il est important aussi de nous donner des objectifs élevés, car si l'on regarde la vitesse de l'innovation en général, c'est une courbe exponentielle. On a fait plus de découvertes en 20 ans qu'en 2 000 ans. Ceux qui vont résister à ça vont être complètement dépassés. C'est pourquoi il faut au plus vite transférer cette capacité d'innovation dans nos pratiques courantes. D'autres pays sont plus avancés que nous, notamment parce qu'ils ont résolu la question de la collecte et du partage de données. Pas forcément de la façon dont on le ferait en Europe, mais ils l'ont résolue. Il nous appartient de définir un modèle éthique et sociétal d'utilisation, et surtout de réutilisation de ces données, dans la lignée du RGPD (règlement général sur la protection des données), sinon nous nous mettrons en difficulté dans notre capacité à suivre le rythme de l'innovation. »

Pour conclure cette partie consacrée au numérique, un autre point de vue intéressant, qui porte sur nos capacités d'innovation au sens large. C'est celui d'Étienne Grass, ex-DG adjoint de l'AP-HP, qui évoque l'industrie pharmaceutique d'une part, et les métiers du design d'autre part.

« Nous avons grandi, rappelle-t-il, dans un monde où pour gagner des années de vie, il fallait investir des millions de dollars dans un médicament qui deviendrait peut-être un blockbuster, cinq ou sept ans plus tard – plutôt sept, d'ailleurs. Aujourd'hui, la donne a changé. Le coût de ces modèles par année de vie gagnée a doublé. On arrive à un effet de mur. Par contre, de nouvelles formes d'innovation ont émergé, avec des cycles plus courts et l'exploitation des cellules souches. Nous allons vers des cycles d'innovation plus proches du "*real world evidence*" qui permettent de démontrer les effets de médicaments sur d'autres pathologies en collectant des preuves dans le monde réel, par opposition aux tests réalisés dans les essais cliniques. »

> *« On a fait plus de découvertes en 20 ans qu'en 2 000 ans. Ceux qui vont résister à ça vont être complètement dépassés. »*
>
> Antoine Tesnière

« On a plus de capacité à innover en puisant dans la pharmacopée existante et en voyant comment la détourner vers d'autres usages, qu'en concentrant nos efforts sur une seule molécule, poursuit-il. C'est important aussi parce que cela positionne le médecin généraliste comme un acteur de la collecte de données, qui vient nourrir la recherche en permanence. »

Autre aspect à prendre en compte : les métiers de la santé ont besoin des métiers du design. « Notre système de santé est victime d'un débordement des nouvelles technologies, explique Étienne Grass. Elles sont si nombreuses et évoluent si rapidement que la plupart des soignants ne peuvent pas suivre. C'est très anxiogène pour eux, car ces technologies bouleversent en profondeur l'exercice de leur métier, que ce soit pour la secrétaire médicale ou le chirurgien. Je pense qu'il nous faut collectivement "re-designer" les métiers de la santé : ils sont tous concernés, sans exception. »

« Une étude montre que chez les médecins américains en burn-out, la première raison est l'incapacité à se projeter dans l'avenir. On n'a pas de problème de sens quand on travaille dans la santé, mais on a un problème de visibilité : on ne sait pas comment son métier va évoluer. Pour améliorer cette situation, il faut des managers solides, ce qui n'existe pas dans le système de santé français. Les travaux de l'économiste Nicholas Bloom sur le lien entre la performance hospitalière et la formation managériale démontrent que les hôpitaux américains disposant des personnels formés à la médecine et au management affichent une mortalité moindre pour l'infarctus du myocarde par rapport à d'autres établissements avec du personnel moins bien formé. Un tiers des écarts en termes de qualité de soins s'expliquerait ainsi : c'est colossal. »

« Il y a le design des métiers, mais aussi plus concrètement celui des bâtiments, conclut Étienne Grass. Il nous faut des salles d'annonce différentes des salles de consultation. Des chambres exposées au soleil, aussi : les chiffres montrent qu'on peut gagner une journée (sur une durée moyenne de séjour de six jours) si les pièces sont au soleil. Ce n'est pas du tout mineur, on libère 14 à 15 % de lits. »

> “ *On n'a pas de problème de sens quand on travaille dans la santé, mais on a un problème de visibilité : on ne sait pas comment son métier va évoluer.* ”
>
> Etienne Grass

## Muscler la prévention

L'Australie a combattu le cancer du col de l'utérus en vaccinant les adolescents entre le HPV. « C'est une volonté politique, commente Isabelle Derrendinger (Ordre des sages-femmes). Ils ont pris le problème à la racine en vaccinant les jeunes filles et les jeunes garçons. Mais le bénéfice n'est mesurable qu'après 20 ans, au moins. Autre exemple de prévention à inscrire dans le long terme : l'éducation sexuelle et affective des adolescents. En France, nous avons une loi qui l'impose au collège et au lycée, mais il faut voir comment c'est exécuté sur le terrain… De ce fait, ne nous étonnons pas des chiffres accablants sur les violences faites aux femmes, qui sont en augmentation et notamment chez les hommes les plus jeunes. »

La prévention est un axe de progrès immense pour notre système de santé. Christophe Jacquinet, à la Fabrique de la Santé, rappelle qu'un assureur « ne peut pas avoir qu'une fonction d'achats de soins, il doit aussi gérer les risques – et donc financer la prévention. Le soin ne correspond qu'à 20 % des déterminants de santé. Tout le reste, c'est l'éducation, les collectivités locales, l'environnement, le logement. Et on met 220 milliards d'euros dans le soin ! »

« Il faut faire mieux sur la prévention », ont affirmé presque tous nos interviewés, de Montpellier, où Kada Klouche souligne que ses patients qui ressortent après un infarctus sont laissés ensuite « dans la nature », à Calais, où le psychiatre Philippe Levisse rappelle combien il est difficile de gérer les traumatismes de la petite enfance. « L'éducation est clé. Le gros de mon boulot consiste à réparer les conneries que font les parents. »

### Initiative n° 18
### Les 1 000 premiers jours

Boris Cyrulnik a rendu en 2020 un rapport sur la petite enfance au gouvernement français. Un an de travail, 18 experts et surtout des convictions enracinées dans toute une vie de neuropsychiatre.

« On sait que lorsque les 1 000 premiers jours de la vie, grossesse comprise, sont réussis, on donne aux enfants des facteurs de protection tels que, lorsqu'ils seront confrontés aux inévitables pépins de la vie, ils casseront moins que les autres. »

Pour Boris Cyrulnik, la prévention est essentielle et elle commence avec la protection de la maternité. « Malgré les progrès réalisés en faveur des conditions de vie des femmes, les femmes enceintes dépriment plus qu'avant. Or, à partir du 14e jour, le développement du cerveau du fœtus est soumis au stress maternel. Une future mère stressée n'est pas sécurisante pour le bébé qu'elle porte : elle met au monde un enfant dont les altérations cognitives sont visibles en neuro-imagerie. Plus tard, ce bébé risque de venir grossir les rangs des décompensations psychotiques. Or, il existe des leviers pour agir : nous avons reçu le premier rapport Inserm depuis l'allongement du congé paternité et les dépressions périnatales ont déjà diminué. »

Dans un pays en paix, 1 % de la population est schizophrène. Dans un pays en guerre, le ratio monte à 4 ou 6 %, rappelle le neuropsychiatre. « Notre milieu façonne notre cerveau, nous donne une façon de voir et de sentir le monde. C'est d'ailleurs pour cette raison que les philosophes s'intéressent maintenant à la neurologie. Chacune de nos décisions éducatives, politiques et culturelles a un poids. Je le répète : les jeunes surmonteront sans casser les accidents de la vie si on leur en donne les moyens. La prévention permettrait probablement de cesser de remplir les hôpitaux psychiatriques. Et les prisons… »

« J'ai fait un travail comparatif, poursuit le médecin. Après la Seconde Guerre mondiale, nous avions 300 000 orphelins. Aujourd'hui, à l'aide sociale à l'enfance, nous comptons également 300 000 enfants de moins de 18 ans. Parmi les orphelins de 1945, quelques-uns ont cassé, tous ont souffert, mais la plupart ont trouvé un bon développement : sport, musique, école. Ils ont tous ou presque appris un métier et fondé une famille. Ça ne veut pas dire qu'ils n'ont pas de séquelles, mais ils ne sont pas cassés. Or actuellement, pour les 300 000 jeunes de l'aide sociale à l'enfance, c'est une catastrophe. Les éducateurs me disent : on passe plus de temps dans les dossiers qu'avec les enfants. »

Et de poser sur la table ce chiffre provocateur : « À la commission des 1 000 jours, on a travaillé avec la ministre de la Santé de Norvège. Elle est venue à chaque fois. On a fait une évaluation cynique : un dollar donné à la prévention Petite enfance, c'est huit dollars économisés à l'adolescence. » Pourquoi ça coince ? Probablement parce qu'entre le dollar qu'on met maintenant et les huit dollars de l'adolescence, il y a plus qu'un mandat politique.

**Le point de vue de Norman Sartorius**
**« Oui, on peut prévenir les maladies mentales et neurologiques »**

Il a piloté la division Santé mentale de l'OMS, présidé l'Association mondiale de psychiatrie et l'Association européenne de psychiatrie. Échanger avec Norman Sartorius, c'est bénéficier à la fois d'un regard international et d'une expérience du terrain qui court sur plus de 60 ans (il en a 88).

Il attire d'abord notre attention sur le « *Community Care* » et le rôle central des aidants, qu'il s'agisse de la famille – bénévole – ou de nouvelles formes de « familles », rémunérées par le gouvernement.

« Les différentes communautés qui entourent un patient, à commencer par sa famille, se sont réorganisées au fil du temps. Les enfants ne sont plus forcément le premier cercle. Ils vivent loin, ils ne peuvent pas cesser de travailler pour prendre soin de leurs parents... Parfois, la cellule familiale est tellement réduite ou éclatée que tout repose sur les épaules d'une seule personne. Et ce n'est pas tenable. D'une certaine façon, l'État lui transfère des tâches de santé publique, mais sans officialiser ce transfert ni le rémunérer.

Les États devraient vraiment se pencher sur ce problème précis : pourquoi ne pas y consacrer un budget ? Pourquoi ne pas le financer ? Le vieillissement de la population est inexorable, aucune solution miracle ne va apparaître.

Si le prix des soins est supérieur aux revenus de la famille, comment fait-on ? Je crois qu'il faut aider la famille en la rémunérant pour son travail d'aidant, ou créer un autre cercle en remplacement, comme je l'ai vu avec ces *social workers* auxquels on affecte 15 familles. Ils tissent des liens spéciaux avec elles et l'efficacité des soins est démultipliée grâce à cette relation de proximité. Nous devrions aussi inviter des aidants dans les formations de médecins, parce qu'il n'y a pas mieux qu'eux pour en parler. »

Autre cheval de bataille du psychiatre, la prévention, qui passe par la concertation interprofessionnelle. « La prévention primaire de maladies mentales et neurologiques est possible – par exemple, la prévention de crétinisme par la distribution d'iode aux femmes enceintes. La prévention secondaire et tertiaire est aussi possible pour une proportion importante de cas. Nous pouvons réussir beaucoup de choses en travaillant davantage avec les responsables de la santé scolaire. Même chose avec les travailleurs sociaux. Et les soignants entre eux ont encore beaucoup de chemin à faire pour former de véritables équipes. On gagne tellement à se parler. Je crois que si un tiers de la formation des professionnels de santé pouvait relever d'un tronc commun, s'ils se côtoyaient sur les bancs de l'école, la situation serait déjà fondamentalement différente. »

Norman Sartorius a une autre proposition iconoclaste à faire : pourquoi ne pas inverser la position des médecins généralistes et des spécialistes ? « Si vous avez un problème à l'œil, pourquoi ne pas aller directement chez l'ophtalmo ? Et une fois que vous obtenez le diagnostic du spécialiste, vous consultez votre généraliste pour qu'il intègre ce nouvel élément dans votre suivi global. »

Dernier point, étroitement relié aux précédents : la « fragmentation » de nos sociétés. « Elles deviennent horizontales : par exemple, tous les adolescents des pays de l'Union européenne sont en mesure de se comprendre, mais ils ne comprennent pas leurs parents, et *vice versa*. Tenir compte de ces strates socioculturelles, accepter l'idée même d'une société fragmentée nous autorise à prendre des initiatives comme les *safe spaces*, en Australie. Là-bas, si vous êtes ado, vous savez que vous pouvez trouver où que vous soyez dans le pays un *safe space*, dans lequel quelqu'un qui a été formé pour ça, qui connaît votre univers vous accueillera et vous écoutera si vous souhaitez parler. C'est souvent une infirmière. Ne serait-il pas formidable d'avoir la même chose pour d'autres strates de population, pour les personnes âgées notamment ? »

## Le récit de Dominique Simonnot
## « Suis-je devenu un monstre ? »

Vous avez sans doute déjà entendu cette phrase, mais elle mérite d'être répétée : Albert Camus considérait qu'une société peut « se juger à l'état de ses prisons ». Que nous dit la prison de notre pays ? De notre système de santé ? Que nous révèlent les hôpitaux psychiatriques dans lesquels nous enfermons « les fous » ?

Journaliste spécialisée dans les affaires judiciaires, Dominique Simonnot est depuis 2020 la contrôleuse générale des lieux de privation de liberté : elle se penche sur le sort des prisonniers et des patients enfermés en psychiatrie sans leur consentement.

Son témoignage confirme l'alerte donnée par les autres professionnels, en amont de la chaîne : la psychiatrie est devenue l'une des toutes premières failles du système de santé. Une faille telle qu'elle pourrait déstabiliser le reste de l'édifice, si ce n'est déjà fait.

« Avez-vous déjà vu un patient sous contention ? On n'en sort pas indemne. C'est sans doute la pire des entraves à la liberté et cela ne peut pas se travestir sous un prétexte de contention thérapeutique. C'est un choix par défaut, comme en témoignent les pratiques disparates d'un établissement à l'autre. Et c'est aussi le manque de soignants qui l'explique : en psychiatrie, il manque 30 à 40 % de professionnels dans les services…

J'ai bien conscience que c'est très compliqué pour un juge, qui n'est pas psychiatre, de se faire une opinion. Mais le fait que les magistrats aient désormais un droit de regard sur l'isolement et la contention – ce que nous devons à Adeline Hazan qui m'a précédée – est un progrès.

Dans tous les hôpitaux psychiatriques que je visite, c'est là que je trouve la meilleure capacité d'écoute. Il s'agit d'une population engagée, apte à se réformer. Ces soignants-là sont admirables dans leur volonté de mieux faire. Malheureusement, je ne vois pas à l'horizon de grand plan pour la psychiatrie.

Or, sur le terrain, c'est une catastrophe. Les hôpitaux fonctionnent en embauchant des "médecins mercenaires", rémunérés deux ou trois fois plus cher que leurs collègues, qui partent dans le privé. On rappelle des médecins retraités. On a eu la bêtise, aussi, de supprimer des formations la spécificité de l'infirmière psychiatrique.

*“ Dans tous les hôpitaux psychiatriques que je visite, c'est là que je trouve la meilleure capacité d'écoute. Il s'agit d'une population engagée, apte à se réformer. Ces soignants-là sont admirables dans leur volonté de mieux faire. Malheureusement, je ne vois pas à l'horizon de grand plan pour la psychiatrie. ”*

Dominique Simonnot

En prison, maintenant. C'est encore pire, avec moins d'un mètre carré d'espace vital par être humain. La prévalence des "fous" dans les prisons est énorme. Le problème commence très tôt, dès l'examen de garde à vue réalisé par un psychiatre. En l'espace de cinq minutes, le médecin doit déclarer si le prévenu est apte ou non à comparaître. Certains psychiatres prennent même la liberté d'ajouter s'il est accessible ou non à une sanction pénale, avant une comparution immédiate.

La comparution immédiate, c'est une justice d'abattage. En 20 minutes, tout est terminé, vous pouvez très bien partir en prison. Il y a zéro double avis. Face au comportement de certains prévenus, j'ai tout de même vu des juges circonspects demander une seconde expertise psychiatrique : une vraie. Mais en attendant, la détention provisoire est le plus souvent prononcée.

Nous attendions avec impatience une étude demandée par la DGS et Santé publique France, réalisée sur la population sortant des maisons d'arrêt. Elle vient de paraître : elle montre que les deux tiers des hommes et les trois quarts des femmes libérées manifestent des troubles psychiatriques. Or, ni les détenus ni les surveillants ne sont infirmiers psychiatriques.

J'ai reçu une lettre d'un détenu qui m'a coupé le souffle. Il raconte l'arrivée dans sa cellule d'un troisième détenu qui passe ses journées et ses nuits à hurler. Lorsque le surveillant a ramené ce nouveau pensionnaire en cellule après la douche, mon correspondant et son camarade l'ont repoussé dehors. Le surveillant l'a rejeté dans la cellule. Et ainsi de suite, jusqu'à ce que le "fou" poussé plus fort finisse par être catapulté au fond de la cellule et se recroqueville en silence. Le détenu m'écrivait : "Suis-je devenu un monstre ?"

Mais non ! C'est une honte de laisser un détenu dans cet état à la charge d'autres, qui sont incapables de s'en occuper et dont les surveillants ne peuvent pas davantage prendre soin. Les prisons sont peuplées de ces gens-là, qui viennent tout droit des comparutions immédiates.

On pense que nous avons en France une belle justice et une belle psychiatrie : allez voir ce que ça donne sur le terrain. J'ai une pénible impression d'abandon. L'État se débarrasse de ses responsabilités sur ses fonctionnaires. Les surveillants sont en sous-effectif, 1 pour 150 détenus, et les policiers qui gardent les centres de rétention bondés vivent dans la peur. Tous ces fonctionnaires sont méprisés. Nous avons besoin d'un grand plan national avant que le sujet ne nous explose au visage. »

## Vers l'approche One Health

### Initiative n° 19
### À Besançon, dans le Doubs

#### One Health, une évidence encore invisible

Des spermogrammes en chute libre, au point de nourrir des craintes pour la pérennité de notre espèce, des résidus de médicaments dans les eaux usées… Des virus transmis par les animaux, des maladies tropicales qui arrivent en France au gré du changement climatique… l'approche « One Health » commence (enfin ?) à faire parler d'elle.

« Moi, ça fait 30 ans que je bosse là-dessus, sans l'appeler One Health. » Patrick Giraudoux, professeur émérite d'écologie à l'Université de Franche-Comté, est aussi membre du Covars, le Comité de veille et d'anticipation des risques sanitaires créé en juillet 2022 dans le prolongement de la crise du Covid. Il remonte le temps avec nous, en rappelant combien on a longtemps cloisonné la santé humaine de la santé animale et des écosystèmes, comme si nous vivions dans trois mondes différents.

« La formule de l'OMS, “One World, One Health”, part de l'idée toute simple que 70 % des maladies infectieuses humaines sont d'origine animale, explique-t-il. Cela paraît plus net maintenant, en période post-Covid, mais dans les faits, les vétérinaires échangent très peu avec les médecins. Leurs formations restent très cloisonnées. Ils ne dépendent même pas du même ministère. »

Deuxième constat : l'essentiel de l'approche médicale jusqu'à la seconde moitié du XX^e^ siècle s'est focalisée sur le soin, au détriment de la prévention. « L'arrivée des antibiotiques et celle des vaccins nous ont portés à croire que nous pouvions nous dispenser de prévention. Dans les années 1970, l'OMS affirmait que les maladies infectieuses seraient éradiquées vingt ans plus tard. On voit ce que ça donne… Certes, nous avons éliminé la variole, mais elle ne se transmet que d'homme à homme. C'est le seul cas de véritable éradication qu'on puisse se mettre sous la dent. »

Patrick Giraudoux insiste : la médecine de soins, aussi performante soit-elle, ne pourra suffire. « En tant que patient, je suis heureux que mon cardiologue sache très bien poser un stent. Sauf que la médecine de soins coûte de plus en plus cher et qu'on n'a pas allongé la durée de vie en bonne santé, qui plafonne. Les maladies chroniques nous tombent dessus à l'âge de 50-60 ans. »

« Le budget moyen d'une ARS sur la prévention, c'est 3 %, reprend l'écologue. Pourtant, dès le corpus d'Hippocrate, on trouve le Traité des airs, des eaux et des lieux : vous savez à quelles maladies vous êtes exposé en fonction de votre lieu de vie. Cette prescience du contexte environnemental date de 2 400 ans. Nous n'avons pas beaucoup progressé depuis, alors que la crise écologique s'est installée. L'effondrement de la biodiversité est l'un des facteurs qui expliquent la recrudescence des épidémies. Un cardiologue, aussi bon soit-il, ne peut rien y faire. »

Parmi les recommandations de Patrick Giraudoux : rapprocher les médecins des vétérinaires, donc. Mais aussi mettre enfin des moyens sur les écosystèmes. « Le vétérinaire n'est un spécialiste ni de l'écologie de la faune sauvage, ni des écosystèmes. Or, le concept de One Health, c'est bien ça : la santé humaine, la santé animale… et celle des écosystèmes ! Il faut qu'on assemble les trois morceaux. »

« Il y a tellement d'interactions entre ces trois pôles qu'une poule n'y retrouverait pas ses petits, poursuit le scientifique. C'est tout le défi d'une approche intégrée. »

Une bonne nouvelle, toutefois : le concept de One Health commence à sortir de l'ombre. « Il a été sanctifié par un consortium rassemblant l'OMS, la World Organisation for Animal Health, la FAO et l'Unep. Tous ont cosigné une déclaration qui me semble parfaite. »

La voici, traduite en français : « One Health est une approche intégrée et unificatrice qui vise à équilibrer et à optimiser durablement la santé des personnes, des animaux et des écosystèmes. Elle reconnaît que la santé des humains, des animaux domestiques et sauvages, des plantes et de l'environnement au sens large (y compris les écosystèmes) est étroitement liée et interdépendante. L'approche mobilise de multiples secteurs, disciplines et communautés à différents niveaux de la société pour travailler ensemble à la promotion du bien-être et à la lutte contre les menaces qui pèsent sur la santé et les écosystèmes, tout en répondant au besoin collectif en eau, énergie et air propres, en aliments sûrs et nutritifs, en prenant des mesures contre le changement climatique et en contribuant au développement durable. »

« Cette définition est longue, mais grâce à elle, on peut faire le tri entre One Health et "One Health washing", estime Patrick

Giraudoux. Car les déclarations d'intention ne mènent pas bien loin. Si l'on regarde Ebola, combien de personnes travaillent actuellement sur les terrains, au bout de la piste, sur la dynamique des populations d'hôtes potentiels ? Sur les conditions réelles de transmission et d'exposition (quand, où, comment) ? Et avec quels financements ? »

« Une épidémie grave, comme le choléra, poursuit-il, on sait ce que c'est : il faut aller chercher le microbe "jusque dans les chiottes". Les consignes nationales, c'est bien, mais il faut des équipes qui vont voir les gens. Et vous n'allez pas voir des citoyens en rupture sociale comme vous allez trouver le bourgeois local. Pour lutter contre une épidémie, il faut des cartes, aussi. Ce n'est pas possible d'allouer des moyens si vous n'avez pas de représentations spatiales. »

> *Une épidémie grave, comme le choléra, on sait ce que c'est : il faut aller chercher le microbe "jusque dans les chiottes".*
>
> Patrick Giraudoux

L'OMS a créé en 2021 le One Health High-Level Expert Panel, pour y voir plus clair. En France, pour s'organiser au niveau national et même à l'échelon régional ou départemental, il faut s'armer de patience : aller trouver la DREAL, la DRAAF, l'ARS, les ONG, l'ensemble des professionnels concernés…

« C'est difficile, car on a l'habitude de travailler en silos. À l'échelle locale, je vais voir un interlocuteur, il me renvoie vers un autre, c'est le ping-pong. Pour avoir un financement, c'est impossible. »

Tout cela appelle quasiment un changement de société. L'urgence pourrait le justifier : « One Health ne se limite pas aux maladies infectieuses, avec l'émergence des pathogènes et l'antibiorésistance. Il existe aussi un risque toxique (toxines émergentes, pollutions toxiques) et un risque immunométabolique : obésité, maladies métaboliques, hormonales, cardiovasculaires, dysimmunitaires… »

« L'amiante crée des cancers, on le sait. On ne part pas complètement de zéro. Mais on est très anthropocentriques et très réductionnistes. L'importance de One Health est telle qu'on ne devrait même pas avoir à l'expliquer. Pourtant, quand j'interviens devant un public de responsables de santé, le soin prime souvent et je vois bien que nous ne sommes pas encore parvenus au point de bascule, à la prise de conscience de l'importance d'agir sur l'ensemble des causes en amont et sur la prévention. »

Le Covars, descendant du Conseil scientifique de la crise du Covid, est aujourd'hui composé de 19 membres. Il s'agit d'une cellule agile, pluridisciplinaire, capable de « faire un point transversal sur une question précise en une semaine, si l'urgence le requiert ». Début 2023, il travaillait sur les maladies transmises par les moustiques, la dengue qui arrive notamment, et aussi sur la grippe aviaire. « Sur les 19, nous sommes 7 à avoir une vraie expérience One Health confirmée – souvent des tropicalistes, conclut Patrick Giraudoux. C'est un bon signal. »

## Initiative n° 20
## À Gertsheim, dans le Bas-Rhin

### « Notre maison brûle » : dans le Grand Est, on ne regarde pas ailleurs

Certains généralistes se sont emparés du sujet eux aussi. C'est le cas de Pascal Meyvaert, à proximité de Strasbourg, qui tente d'alerter ses confrères sur l'urgence de la situation. « Notre maison brûle et nous regardons ailleurs : vous vous souvenez de cette phrase ? C'était au sommet de la Terre, c'était Jacques Chirac… et c'était il y a plus de vingt ans. Depuis, nous en sommes toujours au même stade. »

Le médecin a créé, en septembre 2021, la commission One Health de l'URPS des médecins libéraux du Grand Est. « Nous pensons que le changement climatique va avoir de fortes conséquences sur notre pratique et sur la santé des citoyens. Nous mutualisons nos travaux, pour avancer plus vite. »

Pascal partage l'avis de Patrick Giraudoux : ce combat-là est difficile à faire entendre. Et pourtant ! « Nous allons nous retrouver à faire de la médecine tropicale, avec le retour du paludisme par exemple. Sans parler de tout ce qui est lié à la pollution ou aux perturbateurs endocriniens. One Health, c'est une vision beaucoup plus préventive que la médecine que nous connaissons. Mon principal objectif est de sensibiliser la population, en passant par les soignants, qui sont les mieux placés pour porter ce sujet d'avenir. »

Parmi les nombreux sujets abordés en comité, la persistance des PBT (polluants persistants et bioaccumulatifs), issus des médicaments notamment, pour lesquels il existe un indice (école de Stockholm), ou encore l'antibiorésistance. « Je vois encore des confrères qui dégainent les antibios un peu vite. »

> *« Nous allons nous retrouver à faire de la médecine tropicale, avec le retour du paludisme par exemple. Sans parler de tout ce qui est lié à la pollution ou aux perturbateurs endocriniens. One Health, c'est une vision beaucoup plus préventive que la médecine que nous connaissons. »*
>
> Pascal Meyvaert

L'année dernière, Pascal a initié des démarches pour introduire le volet One Health dans le cursus initial. « Je pensais que les jeunes y seraient sensibles, je suis sans doute naïf, car ils n'y ont vu qu'une charge : un cours de plus. » Excellente raison pour ne pas désarmer : il en faut plus pour arrêter Pascal Meyvaert, qui pilote un travail de recensement de toutes les formations One Health déjà existantes, afin de nourrir la formation continue à défaut d'entrer (pour le moment) en fac de médecine.

Mars 2023. Les hôpitaux et les médecins n'ont pas disparu. Pas encore, du moins !

Le système de santé français n'a pas davantage été remplacé par une start-up, même si elles continuent de se multiplier – y compris pour proposer des solutions en termes de recrutement.

Les voix qui s'élèvent dans ce livre font émerger deux mouvements contradictoires.

D'une part, un système pyramidal qui semble fonctionner en pilote automatique, avec un logiciel ancien qui assomme de règles les professionnels.

Et d'autre part, une émotion et une énergie intactes, malgré la lassitude et l'épuisement…

Les trois millions de professionnels qui prennent soin de notre santé ne sont pas exempts de reproches et contribuent parfois eux-mêmes à enrayer le système, entre corporatismes et défaut de prévention.

Cependant, ils sont passionnés et compétents : ils demandent qu'on leur fasse confiance et qu'on les responsabilise, tous corps de métiers confondus.

Ce serait sans doute la plus belle marque de reconnaissance de la part des pouvoirs publics.

Paris – Le Tour-du-Parc – Koenigstein, mars 2023

Les auteurs tiennent à remercier chaleureusement les 40 personnes qui se sont prêtées au jeu de l'interview et leur ont fait confiance, ainsi que les quelques-unes qui ont choisi de rester anonymes, mais leur ont ouvert largement les coulisses.

*Dépôt légal : mai 2023 – N° éditeur : MAGSI20220874 - N° Imprimeur : 042375259*

*Achevé d'imprimer en mai 2023 en France par Présence Graphique - Monts*

PEFC™ 10-31-2677

FABRIQUÉ EN FRANCE